현직
응급구조사들을
통해 알아보는
리얼 직업
이야기

응급구조사
어떻게

How did they become
Emergency Medical Technicians?

되었을까?

CampusMentor
캠퍼스멘토

KB015660

" 도움을 주신 응급구조사들을 소개합니다 "

나주소방서 소방행정과
최남곤 소방위

- 현) 나주소방서
- 나주소방서 대응구조과 구급주임
- 구급지도관
- 대한심폐소생술 강사
- 전남소방항공대 응급구조사
- 광주보건대학교 등 4개 대학 출강
- 전남소방본부 담양소방서 근무
- 서울소방방재본부 중부소방서 무학파출소 구급대원
- 목포한국병원 응급실 근무
- 광주보건전문대학교 응급구조과 졸업

호남대학교 응급구조학과
윤종근 교수

- 현) 호남대학교 응급구조학과 교수
- 대한응급구조사협회협회장
- 1급 응급구조사
- ACLS Instructor
- 한국보건의료인국가시험비상임이사
- 중앙응급의료위원회 현장이송단계전문위원
- 한국응급구조학회법인이사
- 심폐소생술국민운동본부이사
- 대한심폐소생협회이사

보라매병원
박창제 책임응급구조사

- 보라매병원 책임응급구조사
- 대한심폐소생협회 한국형전문소생술과정 강사
- 기본심폐소생술 심폐소생술가이드라인 근거검토위원
- 미국심장협회 기본심폐소생술 faculty
- 국립공주대학교 석사학위
- 호원대학교 응급구조학과
- 광주보건대학 응급구조과

응급구조사
어떻게
되었을까
?

꿈을 이룬 사람들의 생생한 직업 이야기 41편
응급구조사 어떻게 되었을까?

1판 1쇄 찍음 2022년 4월 25일
1판 2쇄 펴냄 2023년 8월 25일

펴낸곳   ㈜캠퍼스멘토
책임 편집   이동준 · 북커북
진행 · 윤문   북커북
연구 · 기획   오승훈 · 이경태 · 이사라 · 박민아 · 국회진 · 윤혜원 · ㈜모야컴퍼니
디자인   ㈜엔투디
커머스   이동준 · 신숙진 · 김지수 · 김연정 · 박제형 · 강덕우 · 박지원
교육운영   문태준 · 이동훈 · 박홍수 · 조용근 · 정훈모 · 송정민
관리   김동욱 · 지재우 · 윤영재 · 임철규 · 최영혜 · 이석기
발행인   안광배

주소   서울시 서초구 강남대로 557 (잠원동, 성한빌딩) 9층 ㈜캠퍼스멘토
출판등록   제 2012-000207
구입문의   (02) 333-5966
팩스   (02) 3785-0901
홈페이지   http://www.campusmentor.org

ISBN 979-11-92382-08-1 (43350)

주한미군 캠프 험프리스
우일웅 파라메딕

- 현) 주한미군 캠프 험프리스 구급대원
- 미국 911 파라메딕(paramedic, 미국의 전문응급구조사) 근무
- 미국 메릴랜드주립대(UMBC) 대학원 연구조교 근무
- 서울대학교병원 응급의료연구실 연구원 근무
- 서울대학교병원 본원 응급실 근무
- 한국응급구조학회 총무이사
- 병원 전 외상소생술(PHTLS) 강사
- 공주대학교 등 3개 대학 출강

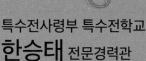
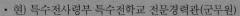

특수전사령부 특수전학교
한승태 전문경력관

- 현) 특수전사령부 특수전학교 전문경력관(군무원)
- 아주대학교병원 경기남부권역응급의료정보센터 보건직
- 경찰병원 응급의학과 응급구조사
- 전라북도 익산소방서 소방공무원
- 전주기전대학교 응급구조과 조교수
- 호원대학교 응급구조학과 조교수

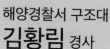

해양경찰서 구조대
김황림 경사

- 현) 해양경찰서 구조대 경사
- 서영대 응급구조과 겸임교수
- (사)생활안전보건연합 수상안전분야 교육이사
- 대한적십자사 수상안전법강사, 응급처치법강사
- 수상구조사 평가위원
- 해양경찰청 구급특채(2기) 입직
- 광주 전남대학교병원 권역응급의료센터 근무
- 광주 호남대학교 응급구조학 전공 석사 졸업
- 광주대학교 사회복지학과 졸업
- 광주 서영대학교 응급구조과 졸업

이 책의 구성

Chapter 1

응급구조사, 어떻게 되었을까?

Chapter 2

응급구조사의 생생 경험담

Chapter 3

예비 응급구조사 아카데미

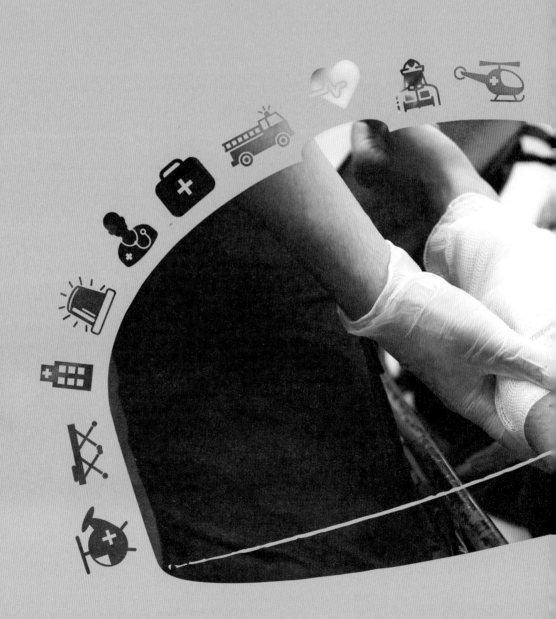

응급구조사,

어떻게
되었을까
?

응급구조사란?

—

응급구조사
[emergency medical technician, 應急救助士]란

응급환자에 대한 응급의료를 제공하는 사람으로, 의료인과 더불어 응급 의료종사자에 해당한다. 응급환자가 발생한 현장에서 응급환자에 대하여 상담·구조 및 이송 업무를 수행하는 사람 또는 그 직종을 가리키는 말이다.

- 응급구조사는 상담이나 구조 업무를 수행하며, 법령에 정해진 범위 내에서 현장의 응급처치, 환자의 이송 그리고 의료 기관 안에서 응급처치한다.
- 응급 환자의 신고를 접수하면 구급차를 이용하여 신속하게 현장에 출동하여 환자의 상태를 자세하게 측정 파악한 후 필요한 응급처치를 한다.
- 응급처치가 끝난 후 응급 의료 시설로 환자를 이송하고 응급처치 상황과 부상자의 처치 내용을 기록 하여 응급 센터나 담당 의사에게 서면이나 말로 보고한다.
- 응급 상황에 대비하여 평소 차량과 장비의 안전 점검을 하며, 환자의 응급처치에 사용되는 의료용품을 점검하여 교체하거나 보충한다.

출처: 커리어넷

응급구조사의 직업 전망

　응급구조사의 고용은 증가하는 수준이 될 것으로 전망된다. 응급구조사 면허를 취득하기 위하여 응시하는 사람과 합격자의 수는 지속해서 증가하고 있다. 1급 응급구조사 합격자는 2015년 1,327명에서 2020년 1,534 명으로 5년간 약 15.5% 증가하였다.

　선박과 지하철 사고, 각종 생산 및 건설 현상의 안전사고와 산업재해, 교통사고의 발생 건수가 증가하며 안전에 대한 사회적 관심이 증가하고 있다. 주 5일 근무제로 인해 여가 및 스포츠 활동 등 외부 활동이 증가하면서 다양한 사건 사고의 발생 가능성도 커지고 재난의 종류가 다양해지고 있으며 일상생활 속의 위험 요소가 증가하여 소방안전 및 응급의료서비스에 대한 국민의 요구가 높아졌다. 인구가 고령화됨에 따라 독거 노인인구가 증가하고 핵가족화 등 1인 가구가 증가하여 가정 내 응급의료 상황 발생 시 대처 인력이 부족하여 사회안전망 구축이 요구되며 이에 따라 응급구조사에 대한 수요가 증가할 것으로 전망된다. 안전에 대한 사회적 요구 수준이 높아지고 있어 과거 병원이나 소방서로 한정되었던 응급구조사의 범위가 학교, 보건소, 민간기업, 항공사 등으로 확대되고 있다.

　한국보건의료인국가시험원의 합격자 통계에 의하면 2018년~2020년까지 최근 3년간 연평균 약 1,533명의 1급 응급구조사가 그리고 약 1,110명의 2급 응급구조사가 배출되었다. 2020년 기준으로 응급구조사는 1급과 2급을 합하여 1년에 약 2,400명의 인력이 배출되는데, 고용안정과 근무 여건이 상대적으로 좋은 구급대원(공무원)이나 병원, 대기업 등으로의 입직을 원하는 사람이 많아 일자리 경쟁이 치열하다.

◆ 응급구조사 직업 전망

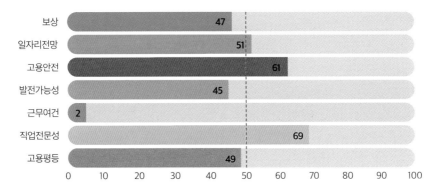

출처: 잡코리아/ 커리어넷

응급구조사의 주요 업무능력

◆ 업무수행능력

중요도	업무수행능력	설명
100	신체적 강인성	물건을 들어 올리고, 밀고, 당기고, 운반하기 위해 힘을 사용한다.
	유연성 및 균형	신체의 균형을 유지하거나 각 부위를 구부리고 편다.
	장비 선정	업무를 수행하는데 필요한 도구나 장비를 결정한다.
99	반응시간과 속도	신호에 빠르게 반응하거나 신체를 신속히 움직인다.
98	움직임 통제	신체를 사용하여 기계나 기구를 정확한 위치로 빠르게 움직인다.
	장비의 유지	장비에 대한 일상적인 유지보수를 하고 장비를 유지하기 위해 언제 어떤 종류의 조치를 해야 하는가를 안다.
97	공간지각력	자신의 위치를 파악하거나 다른 대상들이 자신을 중심으로 어디에 있는지 안다.
95	판단과 의사결정	이득과 손실을 평가해서 결정한다.
94	작동 점검	기계가 제대로 작동하는지 확인하기 위해 표시판이나 계기판 등을 살펴본다.
93	시력	먼 곳이나 가까운 것을 보기 위해 눈을 사용한다.

◆ 지식 중요도

중요도	업무수행능력	설명
100	의료	질병이나 치아의 질환 여부를 진단하고 치료하는 것에 관한 지식
95	안전과 보안	사람들과 재산을 보호하기 위한 필요한 지식
90	생물	동.식물 또는 생명현상에 관한 지식
82	교육 및 훈련	사람을 가르치고 훈련하는 데 필요한 방법 및 이론에 관한 지식
	심리	사람들의 행동, 성격, 흥미, 동기 등에 관한 지식
81	상담	개인의 신상 및 경력 혹은 정신적 어려움에 관한 상담을 하는 절차나 방법 혹은 원리에 관한 지식
80	사회와 인류	집단행동, 사회적 영향, 인류의 기원 및 이동, 인종, 문화에 관한 지식
75	운송	비행기, 철도, 선박 그리고 자동차를 통해 사람들과 물품을 움직이는 원리와 방법에 관한 지식
72	지리	육지, 바다, 하늘의 특성과 상호관계에 관한 지식
71	법	법률, 규정에 관한 지식

출처: 커리어넷

응급구조사의 자질

─── 어떤 특성을 가진 사람들에게 적합할까? ───

- 응급구조사는 항상 긴급한 상황에서 응급처치 업무를 수행하므로 순간적인 판단력 및 순발력이 필요하며, 모든 상황을 침착하게 대처할 수 있는 문제해결 능력이 요구된다.
- 환자의 생명을 다루는 직업으로 봉사 정신과 소명 의식이 필요하고, 급박한 상황에서 업무를 수행하므로 침착하게 대처할 수 있는 능력이 요구된다.
- 사회형과 현실형의 흥미를 지닌 사람에게 적합하며, 스트레스 감내, 남에 대한 배려, 적응력, 자기통제 능력 등의 성격을 가진 사람들에게 유리하다.

출처: 커리어넷

응급구조사와 관련된 특성

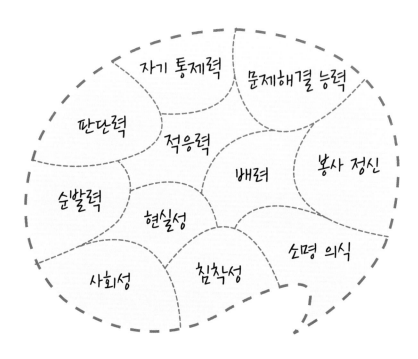

자기 통제력
문제해결 능력
판단력
적응력
봉사 정신
배려
순발력
현실성
사회성
침착성
소명 의식

응급구조사가 되려면?

　응급구조사는 응급구조사는 응급환자가 발생한 현장에서 응급환자에 대하여 상담, 구조 및 이송 업무를 수행하고, 〈의료법〉 제27조의 무면허 의료행위 금지 규정에도 불구하고 보건복지부령으로 정하는 범위에서 현장에 있거나 이송 중이거나 의료기관 안에 있을 때는 응급처치 업무에 종사할 수 있으며, 의료기관 외에도 산업체 부속의무실, 소방서 119구급대원이나 해양경찰청 122구조대의 수상구조요원 등에서 종사할 수 있다. 응급구조사의 책임과 권리, 자격, 업무, 의무, 양성과정 및 시험 등에 관한 법적 규정은 〈응급의료에 관한 법률〉과 그 법의 시행령 및 시행규칙에 명시되어 있다.

■ 정규 교육과정
- 응급구조사가 되기 위해서는 전문대학 및 대학교에서 응급구조학을 전공하는 것이 유리하다.

■ 직업 훈련
- 서울시소방학교, 중앙소방학교, 경기도소방학교, 국군군의학교, 교육양성기관에서 응급구조사가 되기 위한 직업 훈련을 받을 수 있다.

■ 관련 자격증
　응급구조사가 되려면 응급구조학과를 졸업하고 응급구조사(1·2급) 국가시험에 합격한 후 보건복지부장관으로부터 면허를 발급받아야 한다.

◆ 1급 응급구조사

- 응시자격
- 대학 또는 전문대학에서 응급구조학을 전공하고 졸업한 자
- 보건복지부장관이 인정하는 외국의 응급구조사 자격인정을 받은 자
- 2급응급구조사로서 응급구조사의 업무에 3년 이상 종사한 자

- 시험과목
- 필기시험 : 기초의학, 전문응급처치학총론, 전문응급처치학각론, 응급의료관련법령, 응급환자관리
- 실기시험 : 응급구조사의 업무에 필요한 기능 측정

- 합격기준 : 필기시험의 매 과목 40퍼센트 이상을 득점하고, 실기시험에 합격한 자중 전 과목 총점의 60퍼센트 이상을 득점한 자

- 시험방법 : 필기시험(객관식), 실기시험(직접 실기)

- 합격기준 : 필기시험의 매 과목 40퍼센트 이상을 득점하고, 실기시험에 합격한 자중 전 과목 총점의 60퍼센트 이상을 득점한 자

◆ 2급 응급구조사

- 응시자격
- 보건복지부장관이 지정하는 응급구조사 양성기관에서 대통령이 정하는 양성과정을 이수한 자
- 보건복지부장관이 인정하는 외국의 응급구조사 자격인정을 받은 자

- 시험과목
- 필기시험 : 기본응급처치학총론, 기본응급처치학각론, 응급의료관련법령, 응급의료장비, 기본응급환자관리
- 실기시험 : 응급구조사의 업무에 필요한 기능 측정

- 시험방법 : 필기시험(객관식), 실기시험(직접 실기)

- 합격기준 : 필기시험의 매 과목 40퍼센트 이상을 득점하고, 실기시험에 합격한 자중 전 과목 총점의 60퍼센트 이상을 득점한 자

출처: 큐넷/커리어넷/두산백과

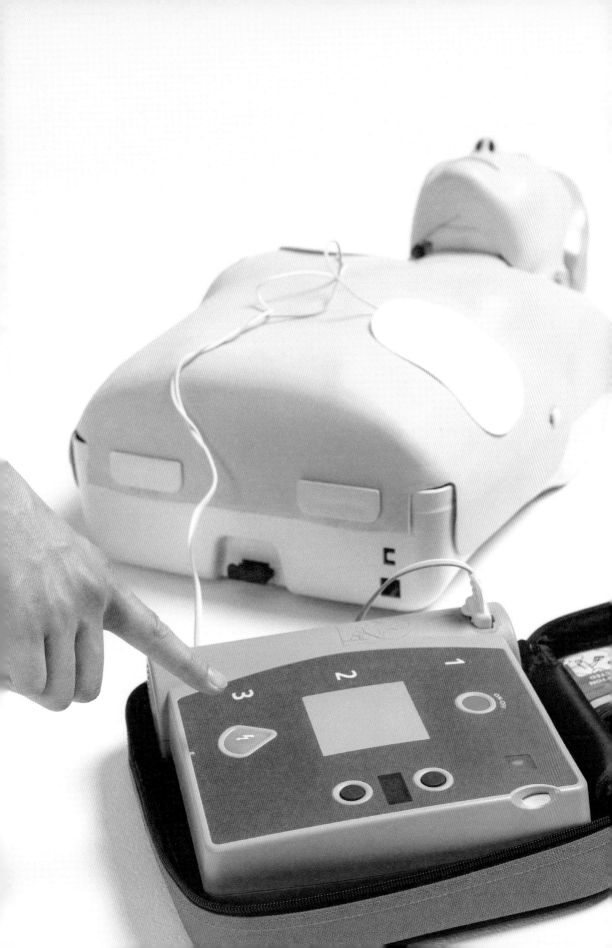

"응급구조사에게 필요한 자질은 어떤 것이 있을까요?"

톡(Talk)!
한승태

응급상황에 신속히 대처할 수 있는 침착성과 전문성이 요구됩니다

응급구조 전문군무경력관(군무원)으로서 생활하기 위해 가장 필요한 것은 응급상황 시 신속하게 대처할 수 있는 '침착성'과 긴박한 상황에서 환자처치를 신속하게 응급처치할 수 있는 '전문성'이 가장 필요하다고 생각해요. 응급 상황은 자주 일어나지 않기에 긴장감이 떨어질 수도 있습니다. 하지만 응급 상황이 발생하면 바로 대응할 수 있도록 침착성과 전문성을 갖추고 있어야 하죠.

톡(Talk)!
김황림

자기 개발과 배려심이 중요한 덕목입니다

개인 역량 강화를 위한 자기 개발을 늘 해야 합니다. 그리고 단체생활에 필요한 상호 간 배려심이 몸에 배어 있어야 하죠.

신속하고 올바른 판단력과 더불어
꾸준히 배워나가는 태도가 중요하죠

환자를 중심으로 생각하는 마음가짐을 갖추면서 꾸준히 관련 공부를 하는 게 필요합니다. 빠른 판단과 결정을 요구하는 구급대원이라는 직업은 종종 선택의 갈림길에 설 때가 많아요. 그럴 때마다 본인이 속한 응급의료서비스 시스템 규정 내에서 환자에게 가장 이로운 선택을 고려하면 의료적으로나 윤리·도덕적으로나 옳은 선택을 할 수 있겠죠. 그리고 응급의료서비스는 과학적 근거를 기반으로 수시로 업데이트됩니다. 그러한 지식을 꾸준히 습득하여 향상하지 못하면 응급구조사로서 낙후된 의료서비스를 제공할 수밖에 없어요. 그것이 결국 환자들에게 해가 될 수도 있고요.

남을 도우려는 희생정과 사명감이 필요해요

응급구조사는 담력과 체력이 기본이 되어야 한다고 생각합니다. 하지만 가장 중요한 자질은 '선한 사마리안' 같은 마음이라고 생각합니다. 즉, 위험에 처한 사람을 도와주고 구하려는 신념이죠. 담력과 체력은 후천적 노력으로 가능하지만, 위험에 처한 사람을 구해줘야 한다는 선천적이고 기본적인 성향은 노력해서 얻을 수 없다고 생각합니다. 희생정신과 사명감도 응급구조사가 꼭 갖춰야 할 자질이라고 생각합니다.

톡(Talk)!
윤종근

소통과 유연한 자세가 중요합니다

이제 대학교수는 권위주의적 리더십이 사라져야 합니다. 권위가 아닌 함께 어울리는 태도, 항상 학문적 연구에 임하는 태도, 유연한 자세로 상대방을 포용하는 능력이 중요하죠.

톡(Talk)!
박창제

도전하고 개척하는 정신으로 업무 영역을 확대해야 합니다

응급구조사라는 아직 길지 않은 역사를 지닌 직역(職域)입니다. 아주 안정된 위치를 차지하고 있다고 하기는 힘들겠죠. 반대로 생각해보면 그만큼 여지가 많아서 가고자 하는 길이 새로운 영역이 될 수 있습니다. 그래서 도전정신이나 개척정신 같은 게 필요합니다.

내가 생각하고 있는 응급구조사의
자질에 대해 적어 보세요!

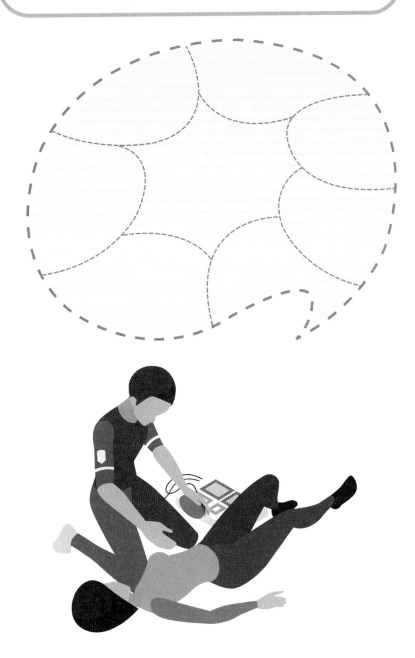

응급구조사의 좋은 점 · 힘든 점

톡(Talk)!
최남곤

| 좋은 점 |
응급상황에서 환자의 생명을 살리는 일이잖아요

응급구조사는 심정지가 발생한 사람에게 자신 있고 능숙하게 심폐소생술을 시행할 수 있는 게 가장 큰 매력이죠. 환자가 건강한 모습으로 사회로 복귀하는 경우 등, 내가 시행한 응급처치로 여러 사람에게 도움을 줄 수 있는 직업이라는 게 큰 장점입니다. 응급구조사는 심폐소생술을 잘할 수밖에 없는 시스템입니다. 대학에서 3~4년 동안 마네킹(dummy)을 가지고 수없이 반복훈련을 하고 있고 소방서 실습, 병원 실습에서도 심폐소생술을 체험합니다. 소방서 구급대원으로 근무하게 되면 심폐소생술 응급처치를 어렵지 않게 경험하게 됩니다. 심정지는 언제 어디서든 누구에게나 발생할 수 있는 응급상황입니다. 이러한 응급상황에서 효과적으로 심폐소생술을 시행할 수 있다는 게 응급구조사의 가장 큰 역할이자 보람입니다.

톡(Talk)!
김황림

| 좋은 점 |
다양한 업무가 단조로운 삶에서 벗어나게 해주죠

다양한 업무를 할 수 있는 기회가 많아서 지루하거나 타성에 빠지지 않게 되는 것 같아요.

톡(Talk)!
박창제

| 좋은 점 |
생명을 살리고 성장해나간다는 보람이 있죠

응급 환자의 처치에 결정적인 역할을 했을 때의 성취감이 크죠. 그리고 날마다 배워가면서 성장한다는 느낌도 괜찮고요. 무엇보다 곳곳에 우리가 있어야 할 곳이 많다는 점입니다.

톡(Talk)!
한승태

| 좋은 점 |
응급구조사의 취업은 블루오션인 거 같아요

응급구조사는 병원 전 응급 현장에서 의료인을 제외한 전문 응급처치를 시행할 수 있는 국가 자격을 소지한 전문인력이에요. 그러다 보니 응급의료기관뿐만 아니라 개인의 노력에 따라 산업체, 레저, 공공기관(산림청, 국립공원관리공단 등), 공무원(소방, 해양경찰, 군무원 등) 등과 같이 다양하게 선택해서 나갈 수 있는 장점이 있어요.

톡(Talk)!
윤종근

| 좋은 점 |
안정적이고 자율적인 근무환경이 좋아요

대학교수로서 안정적이고 자율적인 면이 좋은 것 같네요. 사회적 지위도 괜찮은 것 같고요. 무엇보다 젊은 학생들과 함께 어울리며 생활한다는 점이 저를 늘 새롭게 하죠.

톡(Talk)!
우일웅

| 좋은 점 |
환자의 건강과 생명을 지키는 뿌듯한 감정을 느껴요

도움이 절실히 필요한 순간에 나타나서 환자들을 도와주고 그들의 건강과 생명을 지켜줄 수 있다는 겁니다. 상당히 뿌듯한 감정을 느낄 수 있죠. 또한 교대근무를 한다는 것이 때에 따라 장점이 될 수도 있죠. 평일에 쉬는 날이 있으니 상대적으로 사람들이 덜 붐비는 날에 더 저렴하게 여행할 수 있습니다.

| 힘든 점 |

외상 후 스트레스장애의 위험에 노출될 수 있어요

　참혹한 현장에 많이 노출되는 겁니다. 상황에 따라 죽어가는 환자를 보고 현장 상황에 따라 가끔은 아무것도 해줄 수 없는 상황에 대한 무력감을 느끼죠. 자살환자를 포함하여 사지가 절단된 환자 및 사체를 자주 접하게 되면서 PTSD(외상 후 스트레스장애)에 노출될 가능성이 매우 큽니다.

| 힘든 점 |

응급 현장에서 환자를 처치할 수 있는 사람은 "나" 뿐이라는 부담감이 커요

　제가 근무하는 곳도 그렇고, 일반적으로 병원 전 응급처치를 주로 담당하는 응급구조사들은 병원까지 가기 전에 응급처치 및 이송을 혼자서 담당하기 때문에 많은 부담감이 들어요. 또한 환자이송 시 체력적인 부분과 근무환경이 남성이 많은 곳이 대다수이기 때문에 여성 응급구조사 선생님들이 힘들어하는 부분이 있어요.

| 힘든 점 |

임용이 쉽지 않고 세대 차이를 극복해야 하는 게 부담이죠

　교수라는 직업은 임용이 쉽지 않아요. 상대적으로 경제적 보상이 낮다는 생각도 들고요. 젊은 학생들과 세대 차이도 극복해야 할 난관이죠.

| 힘든 점 |

신체활동이 크고 초기 환자의 회복을 볼 수가 없어요

　우선 신체적인 활동이 크게 필요하다는 겁니다. 그리고 응급 환자의 초기 처치를 담당하다 보니 다른 의료진과는 달리 환자가 좋아지는 과정을 보기가 힘들다는 사실이죠.

| 힘든 점 |
순환식 근무로 인한 적응이 힘들죠

순환식 근무라 발령 시 새로운 환경과 업무에 적응해야 하는 어려움이 있어요.

| 힘든 점 |
가끔 지나친 책임감과 죄책감에 시달리기도 하죠

때때로 환자가 생명을 잃는 걸 눈앞에서 지켜보는 순간을 맞이합니다. 제가 아무리 잘한다고 해도 한낱 사람이기에 할 수 있는 분명한 한계가 있다는 것이죠. 그럴 때마다 지나친 책임감과 죄책감으로 힘들기도 합니다. 또한 주말에도 종종 일하다 보니 지인들이나 가족들과 만나는 일정을 맞추기가 어려울 수 있어요.

응급구조사의 종사현황

◆ 입직 및 취업방법

응급구조사는 종합 및 대학병원의 응급실, 수술실, 또는 응급전문이송업체, 응급의료센터 및 지역응급의료기관에 취업할 수 있다. 또한 소방서, 해양경찰서, 군부대에서 응급구조사로 활동하고 있으며, 응급구조학과 교수로서 후학을 양성하기도 한다.

◆ 고용현황

응급구조사를 포함한 보건의료 관련 종사자의 수는 217,000명이며, 향후 10년간 고용은 연평균 2.6% 증가할 것으로 전망된다(자료: 2016~2026 중장기 인력 수급 전망). 선박과 지하철 사고, 각종 생산 및 건설 현상의 안전사고와 산업재해, 교통사고의 발생 건수가 증가하며 안전에 대한 사회적 관심이 증가하고 있고 응급구조사의 범위가 과거 병원, 소방서에서 학교, 보건소, 민간기업, 항공사 등으로 확대되고 있어 응급구조사의 고용은 증가할 것으로 보인다.

◆ 임금수준

응급구조사의 평균연봉(중윗값)은 3706만원이다
*하위(25%) 3042만원, 평균(50%) 3706만원, 상위(25%) 4522만원

워크넷 기준 응급구조사 연봉

4,522만원

3,706만원

3,042만원

| 하위(25%) | 중위(50%) | 상위(25%) |

출처: 워크넷 직업정보 2019년 7월 기준

CHAPTER

| 2 |

응급구조사의

생생
경험담

미리 보는 응급구조사들의 커리어패스

최남곤 소방위   응급구조학과 졸업   목포한국병원 응급실, 무학파출소 구급대원

윤종근 교수   응급구조학과 졸업   목포한국병원 응급실, 여수제일병원 응급실, 전남대학교병원 응급실

박창제 책임응급구조사   응급구조학과 졸업   국립공주대학교 석사학위, 미국심장협회 기본심폐소생술 faculty

우일웅 파라메딕   응급구조학과 졸업   서울대학교병원 본원 응급실 근무

한승태 전문경력관   공주대학교 응급구조학과 석사, 원광대학교 보건대학원 박사   아주대학교 경기남부권역응급의료정보센터, 국립경찰병원 응급의료센터 근무, 전라북도 익산소방서 근무

김황림 응급구조사   응급구조학과 졸업   광주 호남대학교 응급구조학 전공 석사 졸업

> 담양소방서 근무,
> 전남소방항공대 응급구조사

> 현) 나주소방서, 구급지도관,
> 대한심폐소생술 강사

> 대한심폐소생협회이사,
> ACLS Instructor

> 현) 호남대학교 응급구조학과 교수,
> 대한응급구조사협회협회장

> 기본심폐소생술 심폐소생술가이드라인
> 근거검토위원, 대한심폐소생협회 한국형
> 전문소생술과정 강사

> 현) 보라매병원 책임응급구조사

> 미국 메릴랜드주립대(UMBC) 대학원,
> 미국 파라메딕(paramedic, 미국의 응급구
> 조사) 근무

> 현) 주한미군 캠프 험프리스 구급대원
> 병원 전 외상소생술(PHTLS) 강사

> 전주기전대학교 응급구조학과 조교수,
> 호원대학교 응급구조학과 조교수

> 현) 특수전사령부 특수전학교 전문군무경력관

> 광주 전남대학교병원 권역응급의료센터
> 근무, 해양경찰청 구급 특채 입직

> 현) 해양경찰서 구조대 경사

광주보건전문대학교 응급구조과 제1회 졸업생이다. 소방서 구급대원을 목표로 삼으며 목포한국병원 응급실에 근무하면서 다양한 임상경험을 하였다. 당시 IMF 위기로 광주, 전남지역의 소방서 채용 기회 자체가 없었기에 서울소방방재본부 중부소방서 무학파출소에서 구급대원으로 근무를 시작하게 되었다.

그 후에 시도 간 인사교류를 통해 전남소방본부 담양소방서로 옮기게 된다. 2004년부터 약 12년간 광주보건대학교 등 4개 대학에 출강하면서 응급구조사 후배들을 지도하는 겸임교수 역할을 했고, 소방서 구급대원 응급구조사 최초로 전남소방항공대에서 항공대 응급구조사로서 8년간 근무하였다. 대한심폐소생술 강사 자격으로 심정지 환자의 소생률 제고를 위한 다양한 교육을 진행하였으며 소방서 구급대원들의 교육을 담당하는 구급지도관을 지내기도 하였다. 현재 약 18년간의 현장 근무 후에 대응구조과 구급주임을 거쳐 소방행정과 인사주임을 맡고 있다.

- -

나주소방서 소방행정과
최남곤 소방위

현) 나주소방서 소방행정과 인사주임
- 나주소방서
- 구급지도관
- 대한심폐소생술 강사
- 전남소방항공대 응급구조사
- 광주보건대학교 등 4개 대학 출강
- 전남소방본부 담양소방서 근무
- 서울소방방재본부 중부소방서 무학파출소 구급대원
- 목포한국병원 응급실 근무
- 광주보건전문대학교 응급구조과 졸업

응급구조사의 스케줄

최남곤
소방위의
하루

* 소방서의 근무 형태는 내근근무, 외근근무로 나눠집니다. 현재 내근 부서에 근무하고 있어서, 아침 7시에 출근, 저녁 9시경에 퇴근합니다.

* 예전엔 구급차와 소방헬기에서 응급처치하면서 근무하면 24시간 근무, 24시간 비번이었죠. 하지만 현재 소방인력이 많이 확충되어서 외근 부서 소방관의 근무 형태는 21주기 3교대 근무로 진행합니다.

21:00~
▶ 휴식 및 취침

07:00 ~ 8:00
▶ 일일 업무보고
▶ 언론보도
▶ 동향 보고
08:00 ~ 09:00
▶ 아침 회의

18:00 ~ 19:00
▶ 저녁
19:00 ~ 21:00
▶ 초과근무(행정업무)

09:00 ~ 10:00
▶ 업무 처리
10:00 ~ 12:00
▶ 안전센터
▶ 복무 점검

13:00 ~ 18:00
▶ 오후 업무

12:00 ~ 13:00
▶ 점심 식사

체육활동과
봉사활동으로
미래를 꿈꾸다

▶ 초등학교 시절

▶ 중학교 수학여행

▶ 고등학교 수학여행

어린 시절에 어떤 분이셨습니까?

어린 시절엔 평범하게 자랐던 것 같아요. 부모님은 전남 영암의 농촌 마을에서 농사와 철물점을 병행하셨지요. 교육열이 있으셨던 부모님의 기대를 받으면서 초등학교 6학년부터는 전남 영암에서 광주로 전학했어요. 부모님과 떨어진 채, 할머니와 4살 어린 남동생과 함께 광주에서 지내게 되었답니다. 또래보다 덩치가 크고 체력도 좋았죠. 운동을 잘해서 친구들을 많이 사귈 수 있었습니다.

 **어린 시절 좋아했던 과목이나 흥미를 지닌 분야가 있으셨나요?**

저는 외향적 성격이어서 움직이고 행동하는 걸 좋아했습니다. 지금 생각해보면 봉사활동과 국사에 관심이 많았고, 교련 수업도 참 좋아해서 열심히 했던 것 같네요. 운동을 좋아해서 체육중학교나 체육고등학교를 가고 싶었지만, 부모님의 반대에 부딪히게 되었죠. 일단 부모님의 뜻에 따라 인문계 고등학교를 진학해서 평범하게 고등학교 생활을 했죠. 고등학교 3학년 1학기에 부모님을 설득하여 예체능계로 진로를 바꿔 체육학과에 도전했지만, 대학진학에 실패했답니다.

Question **부모님의 특별한 기대 직업은 따로 있었나요?**

저의 장래 희망은 운동을 전공하여 체육 교사를 하거나, 직업군인 또는 경찰의 꿈을 지니고 있었습니다. 하지만 부모님은 그저 평범한 직장인(회사원)이 되길 바라셨던 거 같아요.

Question 중고등학교 시절 학교생활에 관해 말씀해 주세요

저는 광덕중학교를 졸업하고, 광주서석고등학교(인문계)에 입학했고, 지금 성인이 되어서도 만나는 소중한 친구들을 많이 사귀게 되었습니다. 운동을 좋아해서 체육부 동아리 활동을 했고요. 봉사활동을 하는 RCY(청소년적십자) 동아리 활동도 열심히 했던 기억이 있네요.

Question 응급구조사를 꿈꾸는 학생들에게 도움이 될 만한 책이나 영화에 관한 소개 부탁드립니다.

미국 NBC 방송의 '시카고파이어'라는 미국 드라마를 적극적으로 추천합니다. 미국 시카고 지역 소방관들의 생활과 사랑을 그린 드라마인데, 미국 응급구조사들의 생생한 응급처치 영상이 응급구조사를 꿈꾸는 학생들에게 큰 도움을 줄 거예요. 실제로 제가 대학 강의할 때 필요한 응급처치 동영상 부분을 교재로 활용하여 학생들로부터 좋은 호감을 받은 경험이 있고요. 꼭 추천할 만한 드라마입니다. 더욱이 소방서에서 근무하는 응급구조사들은 화재를 진압하는 경방 및 기관 요원과 구조대원의 생활도 이해하고 알아야 하죠. 우리나라의 소방관 문화와는 약간의 차이가 있지만, 재난으로부터 인명을 구조하고 재산을 보호하는 목적은 같거든요.

대학진학 과정은 수월하셨나요?

체육교육학과를 지원했지만, 너무 늦게 준비해서 대학진학에 실패하게 되었죠. 대학진학을 위해 재수를 결심하고 대학진학종합반 학원에 다니면서 공부했어요. 하지만 방황의 시간을 겪고 나서 막연히 군대를 다녀와야겠다고 생각하게 됐습니다. 지금 생각해 보면 정말 힘들었던 시간이었습니다. 입영통지서가 나올 나이가 아니기에 군대를 빨리 다녀올 수 있는 방법을 찾았어요. 당시 의무경찰에 관심을 두고 지원하게 되었죠. "남자는 군대를 다녀와야 정신을 차린다."라는 말을 저는 몸소 체험하게 되었습니다. 군 제대 후에 정신을 차리고 다시 한번 대학교에 도전하게 됐죠. 이때 광주보건전문대학교 "응급구조과"에 매료되어 진학을 결심하게 되었습니다. 사실 이 당시에는 "응급구조과"가 어떤 공부를 하는지는 자세히 알지 못하였습니다. 하지만 위급한 상황에서 누군가에게 도움을 주는 방법을 배우는 학문일 거라는 기대감이 컸습니다. 일반 대학의 평범한 학과에선 느낄 수 없는 끌림이 있었던 거죠.

Question **진학이나 진로 결정 시에 영향을 미친 계기가 무엇이었나요?**

응급구조사라는 학과를 선택하게 된 동기는 군(의무경찰)제대 후에 대학진학을 준비할 때였어요. 내가 잘할 수 있고 보람을 느낄 수 있는 직업을 찾고 있었죠. 마침 응급구조사에 관한 정보를 얻게 되었고 망설임 없이 선택하게 되었습니다. 대학 수업 중 소방서에 재직 중인 현직소방관의 수업을 들으면서 자연스레 현직소방관과 진로에 관해 많은 대화를 하게 되었답니다. 이 시기에, 졸업 후 병원에서 근무하는 응급구조사보다 소방서에서 구급대원으로 근무하는 응급구조사로 진로를 결정하게 되었죠.

교내 체육대회 중 방사선과와 농구 시합 중이었어요. 리바운드를 다투던 우리 과 동생이 넘어지면서 우측 전완부에 폐쇄성 골절이 발생했습니다. 옆에 있던 제가 무의식적으로 팔을 견인하는 응급처치를 하게 되었죠. 지금이라면 눈을 감고도 해내는 기본적인 응급처치지만, 당시는 학생 신분으로 응급처치에 관해 많이 배우지 못한 상태잖아요. 처치를 시행한 저 자신도 놀랐고, 응급처치를 적절히 잘 수행했다는 교수님들의 칭찬이 기억에 남네요. 또한 2학년 MT 중에 내장산을 등반하다가 학과 동기 남동생이 발목을 다치게 되었습니다. 부어오르는 발목에 기본적인 응급처치를 시행한 후에, 업고 부축하여 산 중턱에서 아래까지 내려왔었죠. 아무래도 학생 시절에 이미 미래의 응급구조사 업무를 했던 경험이 기억에 남는군요.

▶ 대학교 임원 MT

병원 응급구조사
에서 소방서
응급구조사로

▶ 산악사고 구조출동

▶ 산악사고 인명구조

응급구조학 공부가 어렵진 않으셨나요?

입학하여 1학년 이수 과정의 과목들이 좀 당황스러웠어요. 의학용어, 해부학, 기본간호학 등 기초의학 수업과목을 접하게 되면서 어려움도 있었습니다. 하지만 이러한 기초의학을 이수해야만 사고 현장에서 소중한 생명을 살릴 수 있다는 걸 알게 되었죠. 점점 응급구조사 직업이야말로 내가 정말 좋아하고 잘할 수 있는 직업이라는 생각과 확신이 들었습니다. 95년 처음 시작한 "응급구조과"는 제1회로 시작하다 보니 선배가 없는 신생 학과였습니다. 그러다 보니, 자연스럽게 군대를 다녀온 예비역이 선배 역할을 했어요. 선배 아닌 선배가 돼서 임원 활동을 하게 되었고, 자연스레 동기 동생들보다는 학교생활을 열심히 모범적으로 했던 거 같아요. 또한 "응급구조과"에 대한 애정과 함께 졸업 후 진로에 대해서도 심각하게 고민하게 되었습니다.

Question 학창 시절에 현재 직업에 도움이 될 만한 활동이 있었나요?

소방관으로서 응급구조사의 직업은 봉사 정신이 기본이라고 생각합니다. 응급구조사는 봉사 정신과 더불어 사명 의식도 있어야 한다고 생각합니다. 사람은 저마다 본연의 기질과 성향이 있는 거 같아요. 고등학교 시절 RCY(청소년적십자) 동아리 활동이 응급구조사라는 직업을 선택하는 결정적인 동기가 되었다고 생각합니다. 고아원 봉사활동과 학교 근처 공원의 청소(비둘기 배설물 제거 및 쓰레기 줍기 등)에 보람을 느꼈었죠. 병원과 소방서 구급대원으로 근무할 때 위험에 처한 사람을 구함으로써 저 스스로 자존감이 높아지더라고요.

Question 병원에서 응급구조사 일은 어떠셨나요?

병원응급실 응급구조사의 역할은 의사 선생님의 진료 보조 역할입니다. 다양한 중증의 외상환자부터 경증의 환자를 접하게 됩니다. 그들에게 시행되는 병원 내 응급처치 등 다양한 임상경험을 할 수 있었어요, 2년간 응급실에서 응급구조사의 역할을 해내면서 많은 환자를 처치하면서 경험을 쌓았습니다. 이때 임상경험이 소방서 구급대원으로서 역할을 충분히 해낼 수 있는 큰 자산이 되었고요.

Question 대학에 출강도 하셨다고 들었습니다.

네. 2004년부터 현장 구급대원으로 근무하면서 비번 날 광양보건대학교 등 4개 대학에 겸임교수로 출강했어요. 현장의 전문지식을 후배들에게 전달하는 등 후배 양성에 미력하나마 힘을 보탤 수 있었죠. 이러한 일은 현장에서 심정지 환자를 소생시켜 보람을 느끼는 일에 견줄 만큼 저에게는 보람된 일이었던 같습니다.

Question 응급구조사가 되기 위해 어떤 준비과정이 필요할까요?

응급구조사가 되기 위해서는 무엇보다는 담력과 함께 체력적으로 준비가 되어있어야 합니다. 특히, 소방서에 근무하는 응급구조사를 준비하는 분들이라면 체력적으로 상당한 수준에 올라와 있어야 합니다. 소방관 임용 체력시험 배점 기준에선 남,녀 차이는 있지만, 일반 소방(경방), 구조대원, 구급대원(응급구조사)의 체력과목에선 배점의 기준차가 없습니다. 강인한 체력이 바탕이 되어야 한다는 것이죠.

생활 속에서 일반인이 주의해야 할 안전 수칙이 있을까요?

소방서에서 근무하는 저의 주관적인 생각은, 사고 나서 다치게 되면 침착하게 행동하고 119에 도움을 요청하라고 부탁하고 싶네요. 평소에 심폐소생술과 기본적인 응급처치를 배웠던 분들도 본인이나 가족이 위험한 상황에 부닥치면 평소 알고 있었던 응급처치를 사용할 수 없게 됩니다. 이때 119에 도움을 요청하게 되면, 119상황실에 근무 중인 응급구조사나 의사로부터 영상통화 등으로 응급처치 지도를 받을 수 있죠. 상황실에서 지시하는 대로 침착하게 따라 하게 되면 위기에서 벗어날 수 있는 경우가 많거든요.

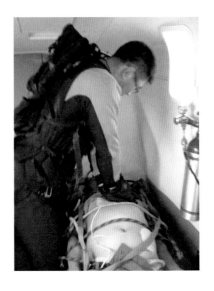

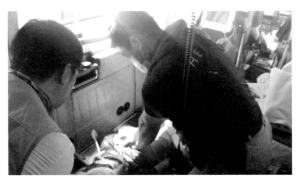

▶ 헬기내 심폐소생술

▶ 소방교육

위험에
처한 사람에게
도움을 줘라

▶ 긴급구조훈련

▶ 제13회응급의료연찬대회

Question 일하시면서 가장 중요하게 생각하는 직업 철학은
무엇인가요?

응급구조사의 선서에서도 나와 있지만, 선한 사마리안의 정신이 응급구조사의 기본적인 철학이라고 생각합니다. '위험에 처한 사람을 보면 도움을 줘야 한다.'라는 철학이죠. 이러한 너무나 당연한 생각과 행동이 그 사람의 기본 철학이라면 응급구조사로서 훌륭한 역할을 하리라 생각합니다.

Question 근무환경이나 연봉은 괜찮나요?

소방서 구급대원으로 근무하게 된다면, 지금의 근무환경은 제가 근무를 시작했던 20년 전의 근무 여건보다 훨씬 많이 좋아져 있답니다. 2020년 4월 1일부터 소방직이 국가직 신분으로 전환되면서 인력, 예산, 장비 등이 확충되었습니다. 또한 응급구조사라는 직업도 복지국가로 가는 지금의 시대 상황에 꼭 들어맞는 직업이라고 생각합니다. 응급구조사가 어떤 직장에 근무하게 되는지에 따라 연봉과 근무 여건의 차이는 있을 겁니다. 소방관의 경우, 연봉은 소방사 초임(군경력 인정 시, 3호봉)으로 보면 약 3천5백만 원 정도입니다. 결코 적은 금액이라고 할 수 없겠죠.

응급구조사에 대한 잘못된 통념이 있을까요?

응급구조사를 간호사보다 저평가하는 시선도 있답니다. 간호사와 응급구조사는 기초 의학과 기본적인 생리학을 배우지만, 전공 분야가 다릅니다. 쉽게 설명하면, 간호사는 주로 병원 내에서 근무하기 때문에, 병원 내 환자를 처치하는 학문에 관해 전문적으로 배우게 됩니다. 반면, 응급구조사는 병원 밖 환경에서 주로 활동하기 때문에 병원 전 처치에 관해 전문적으로 공부하게 됩니다. 즉, 전공하는 학문 자체가 다름을 인정해주어야 합니다. 특히 심폐소생술은 어떤 의료인보다 응급구조사(3~4년 반복하여 심폐소생술을 배움)가 가장 능숙하게 해낼 수 있는 기술입니다. 이러한, 이유로 응급구조사와 간호사를 단순 비교해서는 안 될 것 같네요. 응급구조사가 응급처치 분야에 있어선 어떤 의료인보다 전문적으로 잘한다고 할 수 있겠죠.

Question 스트레스를 해소하기 위해 어떻게 대처하시나요?

소방관들은 스트레스 해소를 위해 운동을 많이 합니다. 현장에서 체력적인 한계상황에서 저마다의 역할을 감당하기 위해서라도 운동은 게을리할 수 없죠. 또한 응급구조사는 스트레스를 많이 받는 직업이 틀림없습니다. 강인한 체력 역시 스트레스를 극복할 수 있는 원천이 되는 거 같습니다.

Question 응급구조사로서 일하시면서 가장 기억에 남는 기간이 있을까요?

소방항공대 응급구조사로서 약 8년 정도 근무하면서, 도서 지역과 산악지역에서 응급환자를 많이 구조하고 처치했습니다. 또한 비번 날 후학양성을 위해 대학에 출강하여 많은 후배를 만날 수 있는 시간이었죠. 당시 제자로 만났던 응급구조사들을 이제는 같은 직장에서 제자가 아닌, 동료로 만날 수 있어서 정말 기쁩니다.

Question 코로나19로 인해서 소방서 응급구조사의 업무에 어떤 변화가 있나요?

코로나19로 인해 소방서에서 근무하는 응급구조사들은 현재 과중한 업무에 시달리고 있습니다. 병원시설에서 근무하는 응급구조사와 비교했을 때, 훨씬 더 과중한 업무에 노출된 현실이죠. 소방청에서는 수도권에서 발생하는 코로나19 확진환자의 이송을 위해 2021년 12월 13일부터 전국 소방관서 구급대 동원령을 내려(지난 2021년 2월 대구 경북 4차 동원령) 전국의 소방서 구급대가 수도권을 집결하여 활동하고 있어요. 제가 근무하는 전남소방본부에서도 5대의 구급 차량을 지원합니다. 각 지역에서는 병원마다 코로나19로 의심되는 환자의 진료를 거부하여 환자를 구급차에 태우고 이 병원 저 병원을 돌아다니는 현상이 일어나고 있습니다. 며칠 전 언론에서도 보도가 되었지만, 코로나19 확진된 임산부가 병원을 전전하다가 구급차에서 출산하게 된 사건도 있었어요. 또한 접종센터 지원 근무와 출동 때마다 방호복을 입고 출동해야 하는 등, 코로나19 전염병 이전과 이후의 구급대원 근무환경에 큰 차이가 납니다.

Question 앞으로 새로운 직업적 목표는 무엇인가요?

지금 저는 현장에서 활동하는 구급대원 응급구조사가 아닌, 그들을 관리하고 교육해야 하는 구급 지도관 신분으로 근무하고 싶습니다. 앞으로 구급대원 응급구조사 응급처치의 질적 향상과 복지를 위해 노력하고 싶습니다. 또한 다시 기회가 된다면 후학양성을 위해 응급구조과에 겸임교수로 출강하여 현장의 경험을 알리고 싶어요. 미력하나마 미래의 응급구조사를 꿈꾸는 학생들에게 희망과 용기를 주고 싶습니다.

Question 인생의 목표를 위한 자기 계발이나 활동에 관해서 알고 싶습니다.

병원에 근무하는 응급구조사에 비하여 소방에 근무하는 응급구조사는 새로운 의료술기를 접하기가 쉽지 않습니다. 응급처치와 응급의학에 관련된 공부를 더 열심히 해야 하고, 관련 자격증에 관심을 가지고 취득해야 합니다. 저는 대한심폐소생술협회 의료인, 일반인 강사로서 활동하고 있습니다. 과거에 겸임교수 출강과 대한심폐소생술협회 강사 활동은 저 자신의 자기 계발에 좋은 시너지 효과를 줬던 좋은 경험입니다.

Question 응급구조사를 꿈꾸는 청소년들에게 조언 부탁드립니다.

세상에는 정말 많은 직업이 있습니다. 직업 선택의 첫 번째 조건은 내가 좋아하는 일이야 한다는 것입니다. 그렇습니다. 여러분이 좋아하는 일을 해야 하죠. 그리고 내가 잘할 수 있는 일을 찾아야 합니다. 내가 좋아하는 일을 찾게 되면 자연스럽게 그 일은 잘할 수 있다고 생각합니다. 세상은 넓고 할 일은 많습니다. 여러분의 장래는 정말 밝습니다. 응급구조사는 판사나 의사처럼 공부를 잘해야 하는 직업은 아니에요. 다만 사람을 도와주는 일이 즐겁다고 생각한다면, 당신은 이미 훌륭한 응급구조사입니다.

시골 마을에서 태어나서 금수저도 아니고, 재능도 특출나지 않았지만 성실하고 근면한 부모님 아래에서 정서적으로 부족함 없이 학창 시절을 보냈다. 대학진학에 실패한 후 몇 차례 진학을 시도하다가 결국 입대하게 되었다. 남들보다 늦은 공부로 쉬운 여정은 아니었고, 직장(병원) 또한 늦은 나이에 입사했다. 이러한 늦깎이 생활을 통해 성실과 노력의 중요성을 알게 하였고 그것이 인생철학으로 굳어졌다. 성실과 노력의 인생철학은 10여 년 동안 1급 응급구조사로서 병원응급실이라는 극한 상황에서 더욱더 탄탄한 기본기를 다지게 했다. 단순한 술기 능력이 아닌 근거 중심의 이론을 바탕으로 술기와 이론을 겸비한 유능한 1급 응급구조사가 될 수 있었다. 이젠 이러한 실무적인 능력을 후학에게 전수하는 걸 큰 기쁨과 소명으로 여기며 살고 있다.

호남대학교 응급구조학과
윤종근 교수

현) 호남대학교 응급구조학과 교수
- 대한응급구조사협회협회장
- 1급 응급구조사
- ACLS Instructor
- 한국보건의료인국가시험비상임이사
- 중앙응급의료위원회 현장이송단계전문위원
- 한국응급구조학회법인이사
- 심폐소생술국민운동본부이사
- 대한심폐소생협회이사

응급구조사의 스케줄

윤종근 교수의 하루

* 월~금: 수업 및 학생들과 어울리는 시간
  토: 다음 주 수업 준비 및 개인 연구
  일: 일요일 저녁만큼은 가족을 위해 직접 저녁 식사를
  준비하고 함께하는 시간을 가짐

19:00 ~ 02:00
▶ 귀가 후 가족과 함께
(평상시 잠은 조금,
주말에 밀린 잠 보충)

07:00~08:00
▶ 기상 및 출근 준비

13:00 ~ 19:00
▶ 수업
▶ 재학생 면담
▶ 논문 준비

08:00 ~ 08:30
▶ 자가용 이용 출근
(출근하면서 영어
회화 듣기)

12:00 ~ 13:00
▶ 점심 식사

08:30 ~ 12:00
▶ 수업
▶ 대학원생 논문지도

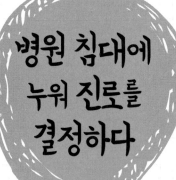

병원 침대에
누워 진로를
결정하다

▶ 초등학교 졸업여행

▶ 지리산 노고단에서

▶ 입대하는 날

Question 어린 시절에 어떤 분이셨습니까?

어린 시절 저는 딱히 특출나거나 모나지 않았습니다. 시골에서 자란 아이들처럼 농사일 돕고 산과 들판을 놀이터 삼아 친구들과 어울리기 좋아했답니다. 지금처럼 학원에 다닌다거나 특기를 살리는 활동은 거의 없었죠. 그냥 학교 수업에 충실한 것 외에는 특별히 내세울 게 없네요. 평범한 시골 아이였습니다.

Question 학창 시절 특별히 좋아했던 과목이나 분야가 있으셨나요?

학창 시절엔 왜 공부해야 하는지, 어른이 되면 무슨 직업을 가질지에 관한 생각은 하지 않고 지냈던 것 같아요. 그러다 보니 딱히 좋아하거나 싫어하는 과목도 없었습니다.

Question 본인의 희망 직업과 부모님의 기대 직업으로 인해 갈등은 없었나요?

학창 시절에 직업에 관해서는 아무런 생각이 없었어요. 부모님께선 비록 시골에서 농사를 짓고 계셨지만, 장남에 대한 기대가 남달랐던 것 같아요. 그래서일까요? 넉넉한 살림이 아닌데도 불구하고 고등학교를 시골이 아닌 시내에 있는 고등학교에 진학시키셨죠. 평범한 삶보다는 법대에 진학해서 사법고시에 합격하여 법관으로서 길을 걷기를 원하셨습니다. 이를 이루기 위해 물심양면으로 지원해주셨지요.

요즘 학교는 다양한 체험과 동아리 활동을 통해 학생들의 능력을 조기에 발견하고 직업관을 갖게 하잖아요. 하지만 제 학창 시절에는 이러한 다양한 활동보다는 일방적인 수업 외에는 특별한 활동이 없었던 거 같아요. 수업 시간에 배우는 내용이 전부였던 시절이라서 평범한 학교생활을 했죠. 중학교 성적은 상위권을 유지하고 있어서 시내 고등학교에 진학하게 되었습니다. 이때부터 과도기였던 것 같네요. 산과 들에서 놀던 문화에서 처음으로 오락실이라는 새로운 신세계의 문화를 접하게 된 거죠. 공부보다는 새로운 문화가 저에게 더 흥미로웠기에 성적은 하위권으로 떨어졌습니다.

많은 사람이 직업 선택의 가장 중요한 요소가 적성이나 흥미, 기질에 맞는 전공을 선택해야 한다고 말합니다. 하지만 전 잘 모르겠네요. 저 자신을 되돌아봐도 적성이나 흥미에 맞는지는 아직도 의문입니다. 하지만 저는 성격상 주어진 일은 완벽하게 하려고 노력한답니다. 이러한 성격 탓에 병원에서 최고의 응급구조사가 되었고, 대학 강당에서 학생들에게 떳떳한 교수로 일하고 있다고 생각해요. 주어진 일에 최선을 다하고, 그 분야에서 최고가 되도록 노력하는 자세가 중요하다고 생각합니다.

응급구조학과를 지원하게 된 동기는 무엇인가요?

응급구조학과를 지원하게 된 동기는 좀 특별합니다. 관심이 있어서도 아니고 그저 새로운 분야였기 때문이에요. 군 제대 후 대학을 진학하기 위해 입시 공부를 하던 때였습니다. 친구 오토바이를 한번 타게 되었고 바로 교통사고로 이어져서 병원에 입원하게 되었습니다. 정말 암담한 생활이었죠. 대학진학을 위해 공부해야 하는데, 병원 침대에 누워 생활하는 저 자신이 한심하고 바보 같다는 생각이 들었죠. 하루하루 그렇게 보내고 있었는데 우연히 하나의 뉴스를 접하게 되었답니다. 우리나라도 외국처럼 응급구조학과가 신설되어 전국 11개 대학에서 신입생 모집(1995년)을 한다는 소식이었죠. 갑자기 가슴이 설레면서 '나를 위한 학과가 아닐까'라는 생각이 들었고 결국 응급구조학과를 선택하게 되었죠.

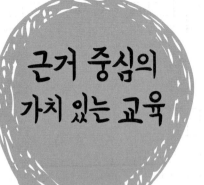

근거 중심의
가치 있는 교육

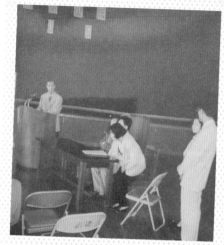

▶ 대학 시절 학술제 사회

▶ 대학교 체육대회 과대표로 출전

▶ 대학교 학생회 활동

응급구조학과에서의 대학 생활을 어떻게 보내셨나요?

응급구조학과 학생을 대표하는 1대, 2대 학회장을 역임했습니다. 1995년 국내 처음으로 신설된 학과였기에 선배나 후배, 전통과 역사는 전혀 없는 상태였죠. 이런 상황에서 학생대표로 학과를 이끌어간다는 것은 무(無)에서 유(有)를 창조하는 작업이었죠. 학업보다 더 많은 시간을 학생회 활동을 하면서 응급구조학과의 전통과 역사를 만들기 위해 노력했답니다.

Question 대학 시절 교내·외 활동 중에서 특별히 기억에 남는 일이 있으신지요?

대학 시절 잊지 못할 두 가지의 기억이 있습니다. 체육대회 날 비가 왔었는데 축구 경기를 하면서 실력보다는 몸으로 공을 막으면서 온몸이 흙투성이가 되도록 열심히 뛰었죠. 역부족으로 경기에 패하게 됐고, 하늘에서 떨어지는 비가 눈물이 되면서 서로 부둥켜안고 함께 울었던 기억이 아직도 생생합니다. 두 번째 기억은 소방서 실습입니다. 제가 실습했던 곳은 00고속도로 구급순찰대였는데, 고속도로에서 차량 충돌로 인해 젊은 학생 3명이 사망했던 사고가 있었죠. 너무나 큰 사고였기에 현장에서 모두 사망했고, 저는 처음으로 현장에서 사망한 환자를 접하게 됐어요. 사고가 발생했을 때 과연 나는 환자를 위해 무엇을 할 수 있을까? 나는 잘 할 수 있을까? 지금 나의 실력이 환자에게 도움이 될까? 라는 생각을 하면서 저를 다시 돌아보는 계기가 되었죠.

Question 첫 직장의 업무는 어땠나요?

졸업 후 첫 직장은 목포에 있는 종합병원응급실이었어요. 당시 국내 처음으로 응급구조사라는 새로운 직업군이 탄생하였기에 업무 범위의 명확성이 없었죠. 응급실에서 간호사가 하는 업무도 하고, 응급 상황이 발생하면(심정지 환자, 약물중독 환자, 중증 교통사고 환자, 화상 환자 등) 응급처치 역할도 했습니다. 근무 8시간이 어떻게 지나갔는지 모를 정도로 바쁜 생활이었죠.

Question 야간담당 응급구조사 경험도 있으시던데요?

병원 원장님 지인이 제 고향 여수에서 병원 개원을 준비하고 계셨죠. 응급구조사 인력이 필요하다는 요청으로 스카우트 제의를 받았고, 야간담당 응급구조사로 4년 동안 일하게 됐어요. 야간근무는 잠도 못 자고, 더욱더 의료진을 힘들게 하는 것은 술 먹고 행패를 부리는 환자입니다. 몸과 마음을 지치게 하는 곳이 바로 응급실이에요. 또 중증 환자가 발생하면 대학병원으로 이송해야 할 경우가 많죠. 이송 도중 환자 상태가 악화할 수 있기에 항상 응급구조사가 동승해야 하죠.

Question 대학병원에서의 응급구조사 생활은 어떠셨나요?

야간담당 응급구조사로 일한 후에 전남대학교병원 응급구조사 경력직으로 합격하게 되었습니다. 대학병원은 종합병원 시스템과 너무나 달랐어요. 응급환자 처치 시 항상 근거와 이론이 선행되었고, 응급환자도 중증 환자로 위독한 상태가 많았죠. 공부하지 않으면 안 되는 분위기가 대학병원입니다. 처음으로 공부에 대한 욕심이 생기기 시작했어요. 제 인생에서 이렇게 열심히 공부한 적은 없었던 것 같네요.

Question 대학병원에서 공부를 열심히 한 다른 이유가 있으신가요?

네. 병원에 현장실습을 하기 위해 찾아오는 후배들 때문이죠. 학창 시절 단순히 책으로만 익혔던 임상을, 이젠 후배들에게 이론과 실기를 바탕으로 현장 중심형으로 가르쳐야 했거든요. 그러한 부담이 저를 긴장하게 했고, 학문에 대한 열정으로 이끌었던 것 같네요.

Question 현재 직업을 선택하시게 된 결정적인 계기가 궁금합니다.

대학병원에서 근무하면서 미래응급구조사를 꿈꾸는 후배들이 실습을 나오게 되면 항상 느끼는 안타까움이 있었어요. 국내 응급구조사의 역사가 짧다 보니 응급구조학을 전공하신 전문적인 교수님의 인력이 부족했어요. 늘 교과서 위주의 학습을 하는 학생들을 보면서 실무와 근거 중심의 교육을 해주고 싶은 마음이 너무나 간절했었답니다

Question 교수님으로서 교육 철학을 설명해주시겠어요?

'감동을 주는 VIE 교육자'입니다.
(V: value 가치/ I: improvement 탁월함/ E: enterprising 진취성)
근거 중심의 가치 있는 교육과 이를 바탕으로 탁월한 인재를 발굴하고, 사회 인재로서 진취적인 인성을 갖춘 인재 양성을 목표로 하고 있습니다.

대학에 관한 간략한 소개와 업무 소개 부탁드립니다.

　호남대학교 응급구조학과는 학부 과정(4년제)에서는 응급환자가 발생하는 현장과 의료기관에서 응급처치를 수행할 수 있는 1급 응급구조사를 양성합니다. 석사과정에서는 현재 직장에서 근무하는 1급 응급구조사들이 좀 더 깊은 학문과 연구를 하기 위한 배움의 길을 열어주고 있습니다. 저는 응급구조학과 교수로서 전문외상응급처치학, 전문내과응급처치학, 전문기도관리술을 연구하고 강의하고 있으며, 학생들에게 올바른 직업관과 인성을 갖추도록 상담하고 있습니다. 재능 나눔 봉사로서 응급처치 교육을 하고 있습니다.

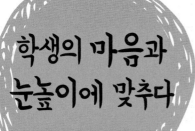

학생의 마음과
눈높이에 맞추다

▶ 나만의 공간, 연구실에서

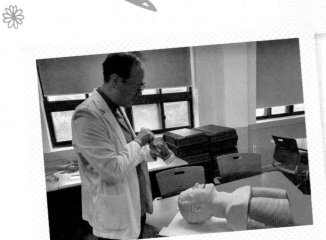

▶ 학생들과 실습하는 장면

▶ 지금은 수업 중

Question 근무 여건과 직업적 전망을 알고 싶습니다.

대학교수는 강의 시간 외에는 출퇴근이 자유로워요. 자신이 하고 싶은 연구, 관심 분야 등에 대하여 학문적인 지원과 연구가 가능하죠. 학생들이 선호하는 직업군의 상위그룹에 속하지만, 구체적으로 직업적 전망은 잘 모르겠네요.

Question 응급구조사 교수님으로서 새롭게 깨닫게 되신 건 무엇인가요?

'사람은 사회에 적응하는 동물이다'라는 걸 새삼 알게 되었습니다. 학창 시절 학업에 대한 욕심은 별로 없었죠. 그런데 대학교수가 된 후부터는 저 자신이 학문적인 인간, 탐구하는 인간으로 변화되고 있다는 점이에요. 또한 이러한 학문적 연구를 즐기고 있다는 점이 놀라워요.

Question 대학교수에 관한 잘못된 통념이 있을까요?

대학교수는 강의뿐만 아니라 학생 지도, 자기 계발을 위한 연구, 재능 기부 등 많은 일을 합니다. 응급구조사로서 병원에 근무할 때는 근무시간만 충실히 하면 되었지만, 교수라는 직업은 1년 365일 항상 뭔가를 생각하고 연구하는 직업이죠. 대학의 여름방학, 겨울방학은 초중고에 비해 길답니다. 하지만 대학생의 방학이지, 교수의 방학은 아니에요. 오히려 방학 동안 다음 학기 수업 준비, 논문 등 해야 할 일이 더 많은 것 같네요.

지금까지 했던 업무 프로젝트 중에서 가장 기억에 남는 것은 무엇인가요?

대학교수는 매 학기 종료 후 학생들로부터 강의 평가를 받습니다. 부임 후 연속 두 번이나 강의 우수 교원으로 선정될 때 가장 뿌듯했죠. 강의 우수 교원이 되려면 잘 가르치는 것도 중요하지만, 학생들과의 교감도 중요하답니다.

Question **대학교수님으로서 향후 목표와** 인생의 비전을 듣고 싶습니다.

전문지식을 잘 전달하는 것도 중요하지만, 우선 학생들과의 교감이 잘 이루어지는 교수가 되고 싶어요. 이러한 교감은 단순히 친하다는 것과는 다릅니다. 잘 가르치고, 잘 이해하고, 학생 개인 개인을 하나의 동등한 인격체로 존중하는 것이죠.

Question 목표를 실천하기 위한 자기 계발이나 활동이 있을까요?

몇 년 후면 교수에게 주어진 연구년이 다가옵니다. 이때 외국의 응급구조사 직업을 체험하고 싶어요. 국내 응급구조사와 외국 응급구조사의 차이점이 무엇이며 제도적인 문제점이 무엇인지를 파악해서 국내 응급구조사의 업무 범위를 외국처럼 확대하길 원합니다. 그래서 요즘 준비하는 것이 바로 영어 발음이에요. 출퇴근 시간에 동영상을 들으며 발음을 교정하고 있죠.

Question 마지막으로 청소년들에게 해주고 싶은 말씀을 부탁드립니다.

직업의 선택은 적성이나 흥미, 기질에 맞는 전공 선택도 중요하지만, 그보다 중요한 것은 노력이라고 생각합니다. 끊임없는 노력, 이것만이 훗날 자기 모습을 빛나게 하지 않을까요? 노력 없는 대가는 없다고 생각해요. 비록 내가 원하는 길이 아니더라도 그 분야에서 최고가 되기 위한 노력이 중요합니다.

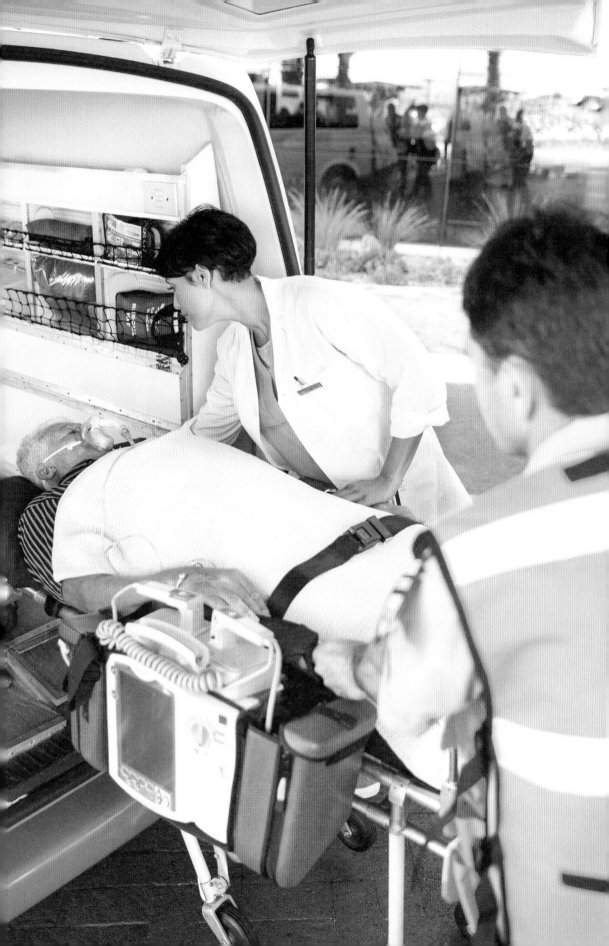

어린 시절 어머니의 교육열로 인해 학업 성적은 뛰어났고, 모든 과목에 관심을 둘 만큼 학습 의욕도 많았다. 하지만 어머니가 일찍 세상을 떠나시고 중고등학교 시절 학업 성적이 뛰어나진 못했다. 응급구조과에 입학하여 어려운 의학 과목으로 인해 어려울 때도 있었지만, 결국 졸업하고 나서 춘천성심병원에서 근무하게 되었다. 취업 이후에 학위 취득을 위해 호원대학교 응급구조학과에 편입하여 국립공주대학교에서 석사학위를 받았다. 현재 서울특별시보라매병원 응급의학과에 책임 응급구조사로 일하고 있다. 미국심장협회 기본심폐소생술 faculty, 대한심폐소생협회 한국형전문소생술과정 강사를 하고 있으며 기본심폐소생술 위원으로 2015년도 심폐소생술가이드라인의 근거검토위원을 맡기도 했다.

보라매병원 책임응급구조사
박창제 응급구조사

현) 보라매병원 책임응급구조사
- 대한심폐소생협회 한국형전문소생술과정 강사
- 기본심폐소생술 심폐소생술가이드라인 근거검토위원
- 미국심장협회 기본심폐소생술 faculty
- 국립공주대학교 석사학위
- 호원대학교 응급구조학과
- 광주보건대학 응급구조과

응급구조사의 스케줄

박창제
응급구조사의
하루

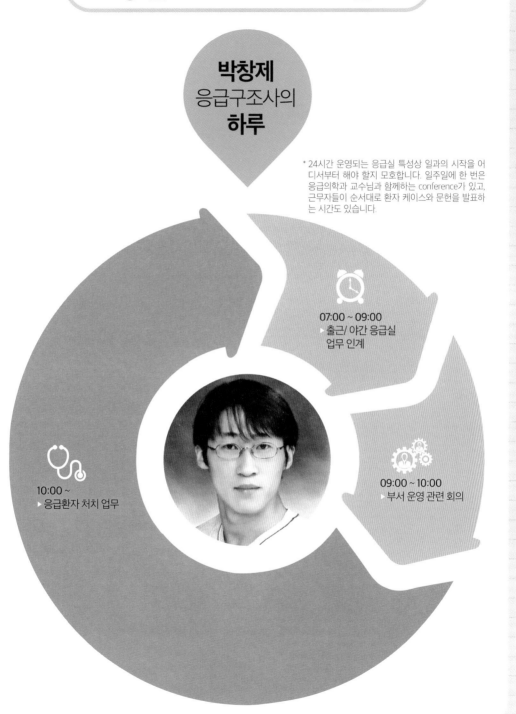

* 24시간 운영되는 응급실 특성상 일과의 시작을 어디서부터 해야 할지 모호합니다. 일주일에 한 번은 응급의학과 교수님과 함께하는 conference가 있고, 근무자들이 순서대로 환자 케이스와 문헌을 발표하는 시간도 있습니다.

07:00 ~ 09:00
▶ 출근/ 야간 응급실 업무 인계

09:00 ~ 10:00
▶ 부서 운영 관련 회의

10:00 ~
▶ 응급환자 처치 업무

어려운 시절, 전문가의 자존감을 깨닫다

▶ 쌍둥이 형과 외할머니댁에서

▶ 어머니 별세 후 아버지와 함께

▶ 글짓기 대회에서 '금상' 받은 날

Question 어린 시절을 어떻게 보내셨나요?

어린 시절 평범하지 않았죠. 저는 전라남도 완도군 노화도라는 섬에서 태어났어요. 초등학교 4학년 때 어머니가 암으로 세상을 떠나셨어요. 쌍둥이인 저희를 키우시느라 많이 고생하셨던 어머니가 어렴풋이 떠오릅니다. 막 걷기 시작할 무렵 제가 장중첩증을 앓았다고 하더라고요. 당시 의료시설이 좋지 않았던 섬에서 어머니는 저를 살리려고 목포에 있는 병원으로 데려가셨고, 또다시 광주에 있는 병원으로 옮겨서 기어이 저를 살려내셨답니다. 어머니가 돌아가셨을 때 어린 저의 상실감은 너무 컸어요. 당시 아버지는 상심이 커서서 술을 많이 드셨지만, 이후로는 저희 3형제를 위해서 고군분투하며 사셨죠.

Question 어린 시절 좋아했던 과목이나 흥미를 지닌 분야가 있으셨나요?

어머니가 돌아가시기 전에 자식 공부에 신경을 많이 쓰셨던 거 같아요. 그래서인지 초등학교 때 공부를 제법 했었죠. 특별히 좋아했던 과목이 떠오르진 않지만, 전반적으로 모든 교과과목이 재미있었죠. 그리고 책 보는 걸 좋아했고, 특히 만화책 보는 걸 좋아했어요.

Question 중고등학교 시절, 학교생활에 대해 말씀해주세요

중학교 시절 성적은 많이 떨어졌고, 고등학교 때는 그냥 중간 정도였던 거 같아요. 앞에 나서는 걸 좋아해서 초등학교 1학년 때를 제외하고 중학교까지 반장이 아니었던 적이 없답니다. 소풍 가면 사회도 자주 봤어요. 중학교, 고등학교 모두 전교 회장에 출마했지만 두 번 다 고배를 마신 기억이 있어요. 고등학교 시절 축제 때 '서태지와 아이들'의 노래와 춤에 빠진 경험도 있고요.

Question 첫 직장은 어떻게 들어가시게 되었나요?

첫 직장은 한림대 춘천성심병원이었죠. 갑작스레 아버지가 돌아가시는 바람에 급하게 구하게 됐습니다. 고향과 꽤 멀리 떨어져 있고 여러 가지로 힘든 상황이었지만, 좋은 분들을 많이 만났고 많이 배웠던 시간이었습니다. 당시에 사법고시에 합격했던 큰형의 권유로 의대 진학을 목적으로 공부했지만 잘 안됐어요.

Question 지금도 춘천성심병원에서 근무하시나요?

아뇨. 현재 근무하는 곳은 서울특별시 보라매병원입니다. 응급실에서 근무하는 게 처음에는 좀 힘들었어요. 그 이유는 이곳에서 사랑하는 사람을 잃는 사람들을 많이 보기 때문이었습니다. 어머니 그리고 사고로 돌아가신 아버지가 떠오르며 견디기 힘들 때가 많았죠. 하지만 그것이 제가 이 직업으로 살아가는 결정적인 이유이기도 했어요. 제가 많은 걸 바꿀 수는 없겠지만, 제가 하는 일에 최선을 다하면 누군가를 살리는 데 도움을 줄 수 있다고 생각했죠.

Question 응급구조사가 되기 위해선 어떻게 준비하나요?

대학에서 응급구조학을 배우고 국가고시에 합격하면 됩니다. 하지만 여기까지는 필요조건일 뿐입니다. 사람에 관한 의학지식은 계속해서 업데이트됩니다. 끊임없이 공부하고 지식을 쌓아야 해요.

 **일하시면서 가장 중요하게 생각하는 직업 철학은 무엇인가요?**

이타적 사고나 희생정신도 중요하지만, 우선 전문가적 자세라고 생각합니다. 응급상황에서 순간적인 판단이 환자의 생명과 예후를 변화시키죠. 늘 준비되어 있어야 해요. 그렇지 않으면 부끄러워해야 합니다.

 **현재 일하시고 있는 곳에 관한 소개와 구체적인 업무를 알고 싶어요**

서울특별시 보라매병원은 서울대학교에서 운영하는 공공병원이에요. 시민들에게 최상의 의료서비스를 제공하고 공공의료를 선도하는 병원이라 할 수 있죠. 이곳에서 저는 응급의료센터의 응급구조사 책임자로서 전문심폐소생술과 정맥로 확보, 외상환자 처치 등 응급의료의 한 부분을 담당하고 있습니다. 또한 지역사회 의료인과 일반시민들을 대상으로 심폐소생술 교육도 하죠.

 지금 일하시는 곳에서 첫 업무 경험은 어땠나요?

응급의료센터에 오는 환자의 정맥로 확보였습니다. 지금은 익숙한 일이지만, 어려운 환자를 만나서 보호자로부터 꾸중을 듣고 너무 죄송했던 기억이 있습니다.

병원 응급실에서 개선되어야 할 부분이 있을까요?

향후 응급실에 내원하는 환자 중 구급차로 이송하면 중증도 분류를 시행하고자 준비 중입니다. 사실 벌써 해야만 하는 일이었죠. 이외에도 업무 범위 확대를 통하여 응급환자를 위해 가능한 모든 지식과 능력으로 접근할 필요가 있죠.

Question 근무환경과 연봉에 관해 알고 싶습니다.

day, evening, night 이렇게 3교대 근무를 합니다. 책임자로서 저는 주로 주간에 근무하지만, 응급환자가 발생하는 시간이 따로 정해져 있지 않기에 이 자리에 누군가는 항상 있어야 하죠.

연봉은 17년 차 7천만 원이 조금 넘는 것 같네요. 물론 병원에 따라 차이는 있습니다.

▶ 바로셀로나 ESICM학회에서

진짜
가치 있는 일이
무엇인지 고민하라

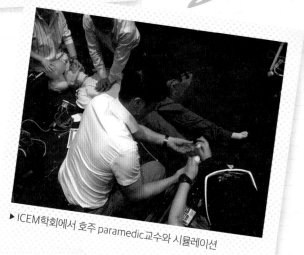

▶ ICEM학회에서 호주 paramedic교수와 시뮬레이션

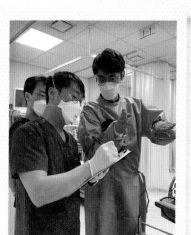

▶ 구급대원으로 부터 환자인계받는 사진

Question 응급구조사에 대한 잘못된 인식이 있을까요?

응급구조사라는 용어에는 '구조(rescue)'의 비중이 너무 큰 것 같습니다. 물론 외상 현장에서 해부학적 지식으로 추가 손상이나 악화를 방지하면서 구조하는 것 역시 저희 직업군의 역할이긴 합니다. 하지만 외국의 'Emergency medical technician'과 비교하자면 이름 자체가 이 직업을 잘 설명하고 있지는 않은 것 같네요.

Question 스트레스를 해소하기 위한 취미활동이 있나요?

중2, 초6 아들을 두고 있는 상황에서 그럴듯한 취미를 가지지 못하는 게 현실입니다. 다만 응급구조학과 학생들을 만나서 교육하고 교감하면서 뭔가 뿌듯해지는 느낌이거든요. 그러면 쌓였던 갈등과 스트레스가 풀리는 것 같습니다.

Question 이제껏 했던 프로젝트 중에서 가장 흐뭇했던 것은 무엇인가요?

심폐소생술과 응급처치 강의를 하면서 병원에 함께 근무하는 우리 팀과 교육 영상을 여러 편 제작했었는데 그 과정도 참 재미있었죠. 더군다나 결과물을 교육생이나 그 기관으로부터 인정받아서 뿌듯했습니다.

응급구조사로서 앞으로 삶의 비전은 무엇인가요?

2009년 서울대학교병원에서 처음으로 '응급구조사'라는 정규직역이 생겼습니다. 이제 곧 서울대병원에서 보직자가 생길 것 같고 보라매병원에도 그런 자리가 만들어지겠죠. 이런 흐름 속에서 후배들이 승진하고 더 굳건한 자리를 만들 수 있도록 토대를 만들고 싶어요.

Question 자기 계발을 위한 활동에 대해서 알고 싶습니다.

이제 석사과정을 마쳤고 앞으로 박사과정에 들어가서 지식의 깊이를 향상하고자 합니다. 무엇보다 현재 하는 일에 최선을 다하는 것이 중요하겠죠.

Question 진로로 고민하는 청소년들에게 해주고 싶은 말씀은?

제가 하는 일은 급박한 상황에서 환자의 생명을 돌보는 일입니다. 가끔은 육체적으로 정신적으로 힘들 때도 있지만, 이 일에 최선을 다했을 때 얻어지는 결과물은 그 무엇과도 바꿀 수 없는 가치를 지닙니다. 본인이 가장 잘할 수 있고 좋아하는 일을 선택하는 것이 중요하지만, 가치 있는 일이 무엇인지도 깊이 고민해보셨으면 좋을 것 같네요 현장에서 응급 질환 또는 외상환자들을 위해 출동하여 그들이 필요한 도움을 주고 적절한 병원에서 치료를 받을 수 있도록 해주는 이 일을 너무나도 좋아하는 대한민국 응급구조사이고 미국 파라메딕(paramedic)이다. 응급구조학과를 졸업 후 대학병원 응급실에서 약 1년간 일하다가 미국 대학원 유학을 떠났다. 미국에서 5년간 대학원 석사과정과 관련 일을 하며 미국의 응급의료서비스 시스템을 직접 경험하였다. 귀국 후 대학병원 연구실에서 연구원으로 1년간 일하고 책상 앞에서 일하기보단 현장에서 환자들을 만나는 것을 더 좋아해서 현재는 주한미군 캠프 험프리스에서 구급대원으로 5년째 근무하고 있다. 최근 공주대학교에서 박사과정을 수료하였고 한국응급구조학회에서 총무이사를 맡고 있으며 학생들을 가르치는 것을 좋아해서 모교에 강의도 나가고 있다.

주한미군 캠프 험프리스
우일웅 파라메딕

현) 주한미군 캠프 험프리스 구급대원
- 미국 911 파라메딕(paramedic, 미국의 전문응급구조사) 근무
- 미국 메릴랜드주립대(UMBC) 대학원 연구조교 근무
- 서울대학교병원 응급의료연구실 연구원 근무
- 서울대학교병원 본원 응급실 근무
- 한국응급구조학회 총무이사
- 병원 전 외상소생술(PHTLS) 강사
- 공주대학교 등 3개 대학 출강

응급구조사의 스케줄

우일웅
파라메딕의
하루

* 일반적인 직장인들과 다르게 저는 교대근무를 하다
  보니 하루 일정이 규칙적이지 않습니다.
  주말이지만 근무를 할 때도 있고 평일이지만 쉬는 날도
  있고 부수적으로 학교 강의를 나가는 날도 있습니다.

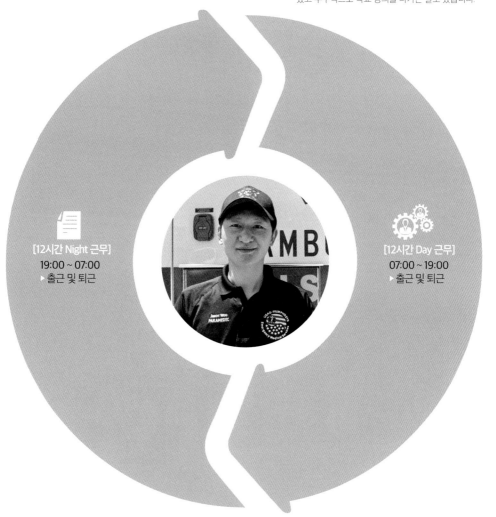

[12시간 Night 근무]
19:00 ~ 07:00
▶ 출근 및 퇴근

[12시간 Day 근무]
07:00 ~ 19:00
▶ 출근 및 퇴근

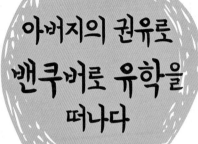

아버지의 권유로
밴쿠버로 유학을
떠나다

▶ 1살 때 집 마당에서

▶ 중학교 시절 아버지와 등산

▶ 누나 셋과 함께

어린 시절에 어떤 성격이었나요?

어릴 땐 굉장히 호기심이 많은 아이였습니다. 그것이 타고난 성격이었는지, 후천적으로 생성된 것인지는 잘 모르겠네요. 가끔 아버지께서 과학적인 영감을 주시곤 했던 기억도 있고요. 종종 '왜 그럴까'라는 질문을 스스로 던져 생각해보라고 말씀하셨어요. 그래서인지 저는 지금도 습관적으로 '왜 그럴까'라는 생각을 많이 한답니다. 공부할 때도 무언가를 외우기보다 그 원리를 찾아 파고 들어가는 습성이 있어요. 또 개구쟁이기도 했고 모험심도 많았죠. 초등학교 2학년 때 그네를 타면서 앞뒤로 왔다 갔다 하는 와중에 '두 손을 놓고도 탈 수 있을까?'라고 생각하고 즉시 실천에 옮겼죠. 결과는 참담하게도 바닥에 얼굴이 먼저 떨어져서 그야말로 '눈탱이가 밤탱이'가 됐던 기억도 있어요. 지금 돌이켜보면 굉장히 바보 같은 생각이었는데 그땐 왜 그렇게 허무맹랑한 모험심이 나왔는지 헛웃음만 나옵니다.

Question

누나만 3명이어서 의존적으로 자라진 않았나요?

흔히 누나가 셋이라고 하면 굉장히 곱게 자랐을 거로 생각하는데, 저를 알고 지낸 사람들은 그렇게 생각하지 않더라고요. 자립심이 매우 강했던 거 같아요. 동생들을 많이 거느린 장남의 성격으로 보는 사람들이 많아요. 막내의 성격을 갖지 않게 된 큰 이유는 확실친 않지만, 어머니의 영향이 컸어요. 아마도 어머니는 저를 누나들과 동등한 위치로 놀게 하거나, 자연스레 혼자 놀 수 있는 환경을 만들어 주셨던 것 같습니다. 사실 가사를 도맡아 하셨던 어머니는 저에게만 오롯이 집중하는 시간을 내시기가 현실적으로 굉장히 힘드셨겠죠.

Question

학창 시절에 흥미를 느낀 분야가 있으셨나요?

초등학교 때부터 만드는 걸 좋아했어요. 옛날엔 조립식 장난감이 많았는데 그런 것을 완성하는 재미가 있었죠. 만들기 과제는 항상 제일 열심히 했고 견고하게 잘 만들어서 칭찬도 많이 받았어요. 전투기나 큰 군함 장난감 같은 프라모델을 좋아했어요. 그런 걸 만들어서 방에 전시해 놓고 싶기도 했었지만, 너무 비싸고 전시할 공간도 없어서 포기했었죠. 지금도 만들기는 좋아합니다. 제가 타는 자전거 중 하나는 프레임과 모든 부품을 직접 하나하나 사서 커스텀으로 만들죠. 정비도 집에서 직접 하고요.

Question

학창 시절 과학을 많이 좋아하셨다고 들었어요

과학을 많이 좋아했었죠. 지구가 움직인다는 것도 신기했고 시간이 지남에 따라 낮과 밤이 된다는 것도 정말 신기했어요. 과학을 좋아했던 가장 큰 이유는, 무엇보다 원리를 통해 인과관계를 설명할 수 있고 궁금한 걸 이해할 수 있어서 좋아했어요. 이런 성향은 지금까지도 영향을 주고 있는 것 같네요. 요즘도 공부할 때 단순 암기보다는 이해하고 넘어가기 위해서 그 원리나 원인을 찾고자 하거든요. 물론 시간은 많이 걸리죠. 하지만 확실히 이해하고 넘어가기 때문에 기억에 오래 남습니다.

Question

중고등학교 시절 학교생활에 말씀해주십시오

청소년기엔 착하던 평범한 중상위권 학생이었죠. 하지만 중3 때 이사하고 전학한 이후로 고1 때는 성적을 신경 쓰지 않을 정도로 방황했던 시기도 있었어요. 돌이켜 생각해보면 부모님께 많은 걱정을 끼쳐 죄송한 마음이죠. 하지만 한편으론 그런 질풍노도의 시기를 묵묵히 지켜봐 주시며 언제고 다시 돌아오리라 믿어주셨던 부모님께 감사한 마음이 더 크답니다.

현재의 가치관과 태도에 결정적인 영향을 미친 경험이 있나요?

고등학교를 졸업하자마자 캐나다로 유학 가서 또래의 젊은 친구들을 보면서 많은 영향을 받았죠. 가치관이라는 것이 굳게 형성되던 시기에 보았던 그 친구들은 고등학교를 졸업하면서부터 집에서 독립하여 스스로 자기의 삶을 살아나가는 경우가 많더라고요. 우리 문화와 비교하면 독립하기엔 굉장히 이른 나이이긴 하지만, 그들을 보면서 저도 성인이 되었으니 부모님으로부터 도움을 받기보단 스스로 꾸려나가야겠다는 생각을 많이 했답니다. 그런 이유로 남보다 더욱더 독립심이나 자립심을 일찍 형성했던 것 같아요.

Question **응급구조학과를 선택하시게 된 이유는 무엇인가요?**

저는 사실 응급구조학과에 처음부터 큰 뜻이 있었던 건 아니었어요. 수능에서 원하던 점수를 받지 못했고 고등학교 졸업과 동시에 재수를 생각했던 제게 아버지께서 유학을 권유하셨죠. 당시 소방 현직에 계셨는데 우리나라 소방의 구급 제도 도입을 겪으시며 향후 발전 가능성을 보고 해당 분야의 유학을 권유하셨습니다. 전적으로 그걸 하겠다는 마음은 아니었지만, 어린 마음에 외국에서 유학하고 싶어서 받아들이게 된 거죠. 그렇게 해서 갔던 곳이 캐나다 밴쿠버였어요.

해외에서
선진 의료시스템을
익히다

▶ 구급차 안에서

▶ 마라톤 대회에 '자전거 구급대'로 참여

▶ 산타바바라 AMR 소속 때
나의 paramedic 뱃지

▶ 미국 EMS 구급대원 추모 행사

밴쿠버에서 응급구조에 관한 교육은 재미있었나요?

어학연수를 마칠 때쯤 응급처치의 기본과정과도 같은 '구급 최초 반응자'를 양성하는 2주간의 코스를 듣고 자격증을 받았습니다. 그런데 그 교재에 나오던 외상 환자들의 사진은 고등학교를 갓 졸업한 제게 적잖은 충격이었어요. '다른 사람들의 피를 만져가며 일해야 한다니'라는 생각이 머릿속에 지배적으로 자리 잡았습니다. 시작했으니 끝을 보겠다는 생각으로 시험까지 봐서 자격증을 받긴 했지만, 저는 교육받으면서 흥미와 더불어 '이 길은 내 적성엔 맞지 않겠구나'라고 생각했어요.

Question **응급구조가 적성에 맞지 않았다면 어떻게 이 길을 선택하셨나요?**

자격증을 받던 날 생긴 일이 아니었다면 저는 아마도 지금 다른 일을 하고 있을 겁니다. 시험을 보고 자격증을 받고 나서 함께 수업을 들었던 친구들 4명과 함께 식당에서 점심을 먹기로 했어요. 사진과 같이 식당 야외 테이블에서 그리스 음식을 파는 레스토랑이었죠.

밥을 먹던 중에 갑자기 뒤에서 '쿵' 소리가 나길래 봤더니 오토바이가 앞에 정차되어 있던 차를 못 보고 그대로 부딪친 겁니다. '구급 최초 반응자' 자격증을 막 받았던 우리는 서로 눈빛을 교환하고 모두 사고 현장으로 뛰어갔어요. 배운 대로 차량의 통행을 막아 현장의 안전을 확보하고 911에 신고하고 구급차가 올 때까지 환자를 케어하면서 환자의 병력과 사고 경위 등을 종합하며 구급차가 도착 후 환자를 인계했습니다. 다행히 환자는 크게 다치지 않았지만, 환자를 싣고 떠나는 구급차를 보며 가슴속에 작은 불씨가 지펴졌답니다. 그 일을 계기로 제 일이 누군가에게 도움을 줄 수 있다는 점을 깊게 생각했고, 응급구조 쪽으로 '목적지'를 정하게 됐죠. 당시 캐나다 현지에서 유학생이 응급구조사(서양에선 paramedic이라고 함)가 되는 방법을 다방면으로 알아보았지만, 인터넷으로 지금처럼 정보를 찾아볼 수 있는 시기가 아니었기에 결국 찾지 못하고 귀국하였습니다. 결국 저의 모교인 공주대학교 응급구조학과에 편입생으로 입학하고 이 길에 들어서게 되었습니다.

Question **한국에서 대학에 다니면서 다시 유학을 계획하신 이유가 무엇인가요?**

동아리 활동을 하진 않았지만, 학교 수업도 재밌었고 전반적으로 대학 생활은 제 나름대로 알차고 즐거웠습니다. 그런데 저는 남들과 다른 한 가지 목표가 있었어요. 그건 졸업 후 미국에 가겠다던 결심이었어요. 캐나다에서 원하던 것을 이루지 못했던 아쉬움도 있었고 교과서들에서 나오는 미국 파라메딕(응급구조사)을 보며 그들처럼 되고 싶었어요. '선진 응급의료시스템'이 갖춰진 곳에서 공부하며 일하는 걸 갈망했죠. 그래서 학교에 다니면서 동시에 미국으로 대학원을 가기 위해 유학 준비도 했어요. 교과서도 번역본이 아닌 영어로 된 원서를 사서 공부하게 되었고, 동기들이 국가고시 준비할 때 저는 그와 별개로 미국 대학원을 알아보며 유학 가기 위한 서류들을 준비해 입학 지원서를 넣었습니다.

Question **학창 시절 교내·외 활동 중에서 특별히 기억에 남는 일이 있으신지요?**

수상인명구조 수업을 들으며 라이프가드(수상인명구조원) 자격증을 따고자 수영을 정말 많이 했어요. 그 당시 수영은 자유형부터 평형까지 조금 하는 수준이었죠. 자격증을 따기 위해 주말마다 많은 시간을 수영 연습을 하면서 보냈어요. 집에 돌아오면 저녁 먹을 힘도 없이 쓰러져서 잘 정도로 열심히 연습했어요. 그땐 정말 힘들었지만, 훗날 그 경험이 철인3종경기에 입문을 할 수 있는 발판이 되기도 했답니다.

Question 응급구조학과 교수가 되고 싶으셨다고요?

그랬었죠. 그러한 결심은 그 직업이 좋아서라기보다는 우리나라의 병원 전 단계 응급의료시스템에서 혁신이 필요하다고 생각했기 때문이에요. 그 변화를 이루어 내는 과정에서 가장 영향력을 끼치는 방법을 고민해보니, 그건 대학교수가 되는 것이었죠. 유학을 다녀와서 선진 응급의료시스템을 배워온다면 제가 할 수 있는 일이 많을 거라 생각도 했고요.

Question 이 길을 걸어가시게 된 큰 계기와 영향은 무엇인가요?

당시엔 학생들 사이에서 응급구조학과에 대한 인지도가 거의 없었답니다. 아버지의 권유로 이 분야로 오게 되었지만, 캐나다에서 겪은 그 우연한 사고의 목격이 아니었다면 아마도 이 길을 택하지 않았겠죠. 그 이후엔 모교 교수님들께서 진로의 방향을 잡아주셨고, 항상 많은 도움과 응원을 해주셔서 제겐 큰 힘이 되고 있습니다. 사실 저는 교수님들께 때맞춰 감사의 인사를 잘 표현하지 못합니다. 서양의 문화에 익숙해져서 그런지, 혹은 아첨하는 거로 오해받을까 하는 우려도 있죠. 미국이나 캐나다에선 '스승의 날'이란 것이 없기도 하고, 명절에 은사님들께 연락하는 문화도 없거든요. 이 기회를 빌려서 교수님들께 그동안 전하지 못했던 감사의 마음을 전하고 싶습니다.

첫 직장에서 기억에 남는 기억을 듣고 싶습니다.

대학 졸업 후 응급구조사로서 첫 직장은 서울대학교병원 본원의 응급실이었습니다. 서울대병원 본원은 서울 종로구 연건동에 있는 병원으로서 흔히 말하는 Big 5 병원 중 하나죠. 권역응급의료센터로 서울 시내에서 가장 바쁜 응급실 중 하나로서 매일 중증의 내과와 외상 환자들이 119구급차로 이송된답니다. 졸업 후 첫 직장이었던 응급실에서 다양한 응급 환자들을 만나며 경험을 쌓아갔죠.

Question 미국에서의 유학 생활이 궁금하군요

미국 메릴랜드주립대(UMBC) 대학원에 합격하게 되어 유학을 떠나게 되었죠. 대학원 과정 중에 연구조교로 지도교수님과 함께 일하기도 했습니다. 조교로 일하다 보면 교수님들과 꽤 가까이 지내게 되었는데, 제 지도교수님은 훌륭한 스승으로서 때로는 아버지처럼, 때로는 친구처럼 저를 대해주셨습니다. 그러다 보니 자연스레 지도교수님으로부터 우리나라와는 다른 문화를 배우고 새로운 가치관을 형성하는 데 큰 영향이 받았어요. 미국 동부에서 학교생활을 했던 저는 서부의 캘리포니아에서 살아보고 싶다는 로망도 있었습니다. 그리고 운 좋게도 캘리포니아 나파 카운티 EMS Agency(보통 시티나 카운티의 EMS agency는 비유하자면 시청의 응급의료서비스과 정도로 표현될 수 있습니다)에서 인턴으로 일할 기회가 생겼죠. 이삿짐을 최소화해서 차에 넣고 미국횡단을 하며 4,400km를 4일간에 걸쳐 달려갔습니다. 매일매일 time zone 을 하나씩 넘어갔답니다.

▶ 4일간 4,400km의 여정

미국에서의 인턴 생활이 어렵진 않으셨는지요?

우리나라는 통념상 회사의 인턴이라고 하면 대개 일을 배우며 자잘한 일들을 하는 것으로 생각되고 솔직히 저도 그러리라 예상하고 갔었어요. 그런데 거기서 만난 지도의사 선생님은 제게 많은 경험의 기회를 주셨어요. 나파 카운티 응급의료서비스의 발전을 도울 수 있도록 제가 대학원에서 전공한 응급의료서비스 정책, 관리에 해당하는 실질적인 업무를 주었죠. 미국 대부분의 인턴 시스템이 그러하듯 저도 무급으로 일했었지만 큰 의미 있는 일을 한다는 게 기뻤고 그래서 그 어느 때보다도 열심히 일했어요. 하지만 일하면서 돈을 벌지 않고 계속 쓰기만 하니 저축해놓은 돈이 금방 바닥이 나더라고요. 결국 5개월 만에 저는 대학생 시절 교과서에서 봐오던 미국 파라메딕(paramedic, 미국의 응급구조사)로 취직했습니다.

AMR과는 어떻게 인연을 맺게 되셨는지요?

AMR(American Medical Response)은 미국에서 사설 응급의료서비스를 제공하는 회사 중 가장 큰 회사예요. 산타바바라 카운티의 911 응급의료서비스도 담당하던 회사죠. 면접하러 갔을 때 건물 2층으로 올라가는 길목에 제 이름이 써진 환영 메시지를 보고 여기에서 꼭 일하고 싶다고 생각했어요. 미국의 파라메딕, 그건 제가 대학 생활하며 동경하던 일이었고, 실제로 현장에서 응급 환자들을 만나며 필요한 도움을 줄 수 있다는 점에서 큰 보람을 느꼈습니다. AMR Santa Barbara에서 일하며 많은 경험을 할 수 있었습니다. 그리고 지리적으로 맑고 따뜻한 날들이 거의 매일같이 지속되는 낭만 가득한 곳이었죠. 참 좋은 직장이었고 매니저로 승진과 더불어 이민의 기회도 주어졌어요. 이때 미국 생활 5년째였고, 제 나이 35살이었습니다.

　당시엔 미혼이었고, 사진으로 종종 뵙는 부모님의 늙어가는 모습과 조카들의 커가는 모습에 심적으로 가족에게서 점점 멀어지고 있다고 느꼈어요. 그리고 아시아계 사람들의 주거 비율이 거의 없는 도시였기에 주변에서 한국 식자재를 구할 만한 마트가 없었죠. 먹고 싶은 것을 먹지 못하는 기간이 길어지다 보니 결국 여러 가지 이유로 다시 한국행을 결정했어요. 때마침 서울대병원 응급의료연구실에서 연구원으로 일할 기회가 생겨서 귀국했습니다. 연구실에서 동물실험을 통해 응급의료서비스에 특화된 장비를 개발하는 걸 담당했고, 구급대원의 교육과 심폐소생술 교육에 관한 연구도 진행했었죠. 이 경험을 통해 응급의료서비스 관련 분야의 방향에 관해 생각해보는 계기가 되었죠. 하지만 정책에 대한 열정이 가득했던 저는 실질적인 정책 변경이 얼마나 어려운 것인지 현실의 벽을 느끼게 되었습니다. 연구실 재직 당시 우연한 기회로 지금의 직장인 주한미군 측에서 병원 전 응급의료서비스의 개편을 위한 자문을 했고, 그게 인연이 되어 주한미군의 현 시스템의 창립 멤버 중 하나로 근무하고 있답니다.

　미군 사회이다 보니 우리나라의 일반적인 직업들보다 수반되는 첫 과정이 조금 복잡합니다. 처음 고용되면 in-processing이라는 약 2달의 기간을 거쳐 부대에 출입이 가능한 신분증 만드는 것부터 하죠. 보안 컴퓨터 사용 허가를 받기 위한 절차 등의 행정적인 업무들과 함께 영내 구급 시스템에 적응하며 훈련하게 됩니다.

미군 부대 내에 의료체계는 어떻게 되어 있나요?

저는 캠프 험프리스라는 경기도 평택에 있는 주한미군 부대에서 근무합니다. 험프리스 부대의 면적은 서울 여의도의 약 5.5배이며 인구는 4만 5천여 명입니다. 영내에는 소방서가 총 4개 있고, Brian D. Allgood Army Community Hospital (BDAACH)이라는 종합병원이 있어요. 그리고 두 개의 작은 의원급 병원이 있습니다. 제 소속은 BDAACH지만, 실제 근무는 부대 내에 있는 소방서 중 하나에서 911구급대원으로 파견직처럼 근무합니다.

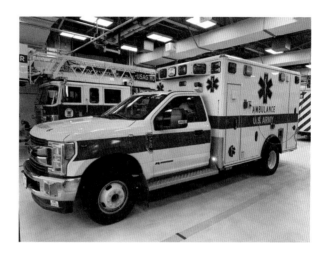

한국과 미국의 구급 시스템에 차이가 큰가요?

미군 부대의 응급의료서비스 시스템을 직접 본 적이 없어서 상상하기 어려울 수도 있을 거예요. 쉽게 생각하면 우리나라 119구급 시스템과 비슷합니다. 환자가 내과 질환이든 외상이든 응급 상황에서 119(제가 속한 곳은 911)에 신고하면 구급대원이 현장으로 출동해서 평가와 처치를 하고 병원 응급실로 이송하는 점은 같습니다. 차이점은 구급차나 장비, 소모품이 미국에서 사용하는 것들과 같고, 한국의 구급대원들보다 업무 범위가 다소 넓으며 환자들이 미국 사람들이라는 것 정도죠.

한국은
응급의료시스템의
개척지

▶ 현 직장에서

▶ 현 직장에서

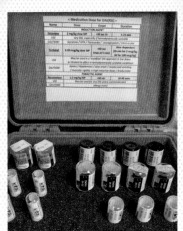

▶ 업무범위의 약물들 중 별도로 보관하는
향정신성 의약품

Question **근무환경과 복지혜택에 관하여 알고 싶습니다.**

일반적인 소방 구급대원 교대근무를 기준으로 주당 56시간씩 일하게 됩니다. 가끔 퇴근 직전에 걸리는 출동으로 발생하는 초과 근무시간을 제외하고는, 주당 평균 40시간 근무하죠. 미국 직장의 특징이 그렇듯, 근무환경은 권위적이지 않고 업무에 걸리는 로딩이 심하지 않아요. 퇴근 시간 이후엔 사생활에 대해서 확실한 보장이 되어 있어서 아마도 우리나라에서 워라밸이 가장 좋은 직장 중 하나이지 않을까 싶습니다. 연봉은 초봉 기준으로 약 4,500만 원이고, 야간수당과 휴일수당을 합치면 대략 5천만 원 정도 되겠네요.

Question **주한미군이 철수하면 직장을 잃을 우려는 없나요?**

장담하긴 어려운 부분이지만, 2060년까지는 우리나라와 미국이 맺은 SOFA 협정으로 인해 주한미군이 철수할 가능성은 없지 않을까 생각합니다. 통일되면 없어지지 않느냐고 궁금해하시는 분들도 있죠. 독일도 통일했지만, 미군은 여전히 주둔해 있고 이탈리아나 일본 등의 다른 나라에도 미군은 여전히 있습니다. 통일 여부보다는 한반도가 지리적, 전략적 위치로 그 중요성이 더 크다고 생각하기에 직장을 잃을 우려는 거의 하지 않아요. 또한 원한다면 영내에서 다른 직업을 지원해서 옮길 수도 있고요. 물론 일하는 직업에 따라 급여는 변동이 있겠죠.

응급구조사로서 초기의 생각과 달라진 깨달음이 있나요?

학부 땐 응급구조사로서 우리나라의 병원 전 응급의료서비스를 발전시키는 데에 한 획을 긋겠다는 포부를 품고 유학을 떠났죠. 하지만 일을 해나가면서 성장과 변화라는 것이 나 하나의 힘으로 될 수 없다는 것과 개개인의 큰 노력과 희생이 뒷받침되어야 하는 것을 깨달았어요. 지금은 무언가를 앞장서서 크게 발전시키겠다는 생각보다는 현재 주어진 일을 충실하게 하겠다는 마음이 크답니다.

Question 스트레스를 해소하기 위하여 어떤 취미활동을 하시나요?

미국 유학 시절부터 운동에 빠졌죠. 주로 달리기와 자전거를 좋아합니다. 정기적으로 마라톤, 자전거 장거리 대회, 3종경기(수영+자전거+달리기)에 출전합니다. 대회에 참가하기 위해 연습할 시간이 모자라서 출퇴근을 달리기나 자전거를 이용하는 게 일상이 되었죠.

코로나 시국에 대회 참여가 쉽지 않았을 텐데요?

네. 아쉽게도 코로나바이러스 시국과 맞물려 경기 참가도 어렵게 됐죠. 그리고 최근 몇 년 동안 소중한 아기들이 태어났어요. 육아가 본격적으로 시작한 이후부터는 운동을 거의 못 하고 있고, 좋아하던 취미생활을 못 해서 아쉽긴 합니다. 그래도 사랑하는 아내와 귀여운 아기를 둘이나 얻었으니 그 전보다 더 행복하답니다. 현재 큰 애가 3살이고 둘째가 6개월 지났어요. 둘째가 걷기 시작하는 내년부터는 여행을 많이 다녀보려고요.

Question **응급구조사로 일하시면서 가장 기억에 남는 것은 무엇인가요?**

침대에서 기어가다가 바닥으로 떨어진 9개월 된 미국 남자 아기가 있었죠. 저도 막 첫째가 태어났을 때라서 그 아기를 보면서 아빠의 마음처럼 속상했어요. 아기의 작은 이마에 골프공 크기의 혹이 생겼었어요. 다행히 의식을 잃지 않았고 엄마한테 안겨 활발히 놀고 있어서 크게 걱정스럽진 않았지만, 그래도 응급실에서 뇌 CT를 찍어보는 것이 좋겠다고 권유했습니다. CT 촬영은 골절이나 출혈을 확인하고자 할 때도 있지만, 이상이 없음을 확인하기 위해 찍는 경우도 많답니다. 대학병원으로 아기를 이송한 후에 혹시나 통역이 필요하면 연락하라고 제 전화번호를 알려주고 왔어요. 몇 시간 후 검사 결과가 나왔는데 외상과는 관계없는 뇌종양이 발견되었다는 소식을 들었죠. 겨우 9개월인 아기에게서 뇌종양이 발견되어 그 부모 마음은 참담했겠지만, 한편으론 그날의 일이 아니었다면 아기의 치료가 어려워질 수도 있었겠죠. 많은 사람이 제 눈앞에서 살아나기도 하고 죽기도 하지만, 오히려 죽어가는 사람을 살렸을 때보다도 더 뿌듯했죠.

Question 응급구조사로서 앞으로 삶의 새로운 목표가 있나요?

우리나라 병원 전 응급의료서비스는 앞으로도 많은 발전을 할 수 있는 영역이 있습니다. 응급구조사들이 앞으로 더 나은 환경에서 근무할 수 있도록 하고, 환자들이 더 나은 응급의료서비스를 받을 수 있도록 최선의 노력을 기울이려고 합니다. 비록 작지만 같은 생각을 지닌 사람들이 힘을 모으면 큰 변화를 이룰 수 있으리라 믿어요. 그리고 한 가지 욕심이 있다면 영국에서 몇 년간 파라메딕으로 일해보고 싶습니다. 유럽의 응급의료서비스 시스템에서 우리가 배울 점도 많을 것이라 예상되거든요. 아직 우리에게 많이 알려지지 않아서 개척하는 마음으로 기회를 얻어 일해보려고 합니다.

목표를 위해서 하고 계신 자기 계발 활동에 대해서 알고 싶습니다.

 **Question**

본업 외에 구급대원들과 미래의 응급구조사들을 위해 병원 전 외상소생술 강사로 활동하고 있고 대학에서도 학생들을 가르치고 있답니다. 한국응급구조학회의 발전을 위해 학회 총무이사로도 일하고 있고요. 학문적 교류를 위해 최근 응급구조학과 박사과정을 이수하였고, 향후 한동안 논문 쓰는 것에 집중하고자 합니다. 영국 계획은 가족과 함께 가야 하기에 아이들이 유치원에 들어갈 즈음에 맞춰 3~4년 후로 잡고 있습니다.

인생 선배로서 청소년들에게 조언 부탁드립니다.

'목적지가 없는 사공에게는 어떤 바람도 순풍이 아니다'라는 말이 있습니다. 사공에게 가고자 하는 방향이 정해져 있다면 그 방향으로 부는 바람은 순풍이 돼서 목적지까지 가는 데에 계속 도움을 줍니다. 하지만 방향이 정해져 있지 않다면 바람이 어느 방향에서 불더라도 도움이 되지 않겠죠. 애당초 가야 할 목적지가 없었으니까요. 제가 고등학교 때 방향을 정했더라면 아마 방황했던 시기를 일찍 마무리 지을 수 있지 않았을까 생각합니다. 아쉽게도 그 당시엔 그런 걸 몰랐어요. 요즘 고등학교 때부터 자기가 하고 싶은 것이 확실한 학생들을 보면 제가 하지 못했던 것이라 그런지 놀랍기도 하고 부럽기도 합니다. 그런 친구들은 목적지를 빨리 정했으니 출발도 일찍 할 수 있고 여러 사람의 도움을 받아가며 목적지에 빨리 갈 수 있을 거예요. 여러분들도 자신이 좋아하는 것과 하고 싶은 것을 진지하게 파악해서 진로를 결정한다면 어딘가에서 '순풍'이 불어올 겁니다.

이른 나이에 군 복무를 마치고 응급구조학과에 진학하게 된다. 2008년 1급 응급구조사 자격을 취득하고 지금까지 응급구조사로서 수행할 수 있는 길을 걸어왔다. 경기남부권역 응급의료정보센터에서의 상황실 요원으로서 응급상황 시 구급 상담 역할과 대량 재해 발생 시 응급의료 진료소 운영을 담당하였고, 국립경찰병원 응급의료센터에서는 응급환자에 대한 전문 응급처치를 담당했다. 그리고 전라북도 익산소방서에서는 구급대원으로 병원 전 응급상황 시 현장 대원 및 품질관리 담당으로 활동하면서 각 분야에서 다양한 현장 경험을 쌓았다. 그리고 현장 경험을 바탕으로 대학에서 응급구조사를 양성하다가 군 응급의료체계 관심을 두게 되어 현재 특수전학교 응급구조 전문군무경력관으로 근무 중이다.

특수전사령부 특수전학교
한승태 전문경력관

현) 특수전사령부 특수전학교 전문군무경력관
- 아주대학교병원 경기남부권역응급의료정보센터 보건직
- 경찰병원 응급의학과 응급구조사
- 전라북도 익산소방서 소방공무원
- 전주기전대학교 응급구조과 조교수
- 호원대학교 응급구조학과 조교수

응급구조사의 스케줄

한승태
전문경력관의
하루

 21:00
▶ 자기 계발 시간
  (영어, 전공 연구 등)
22:00
▶ 취침

06:30
▶ 기상
08:30
▶ 출근

 18:00
▶ 퇴근
19:00
▶ 저녁 식사

12:00
▶ 오전 근무
  (위험훈련 시 의무지원,
  응급의료장비 점검,
  응급의료관련 행정업무)

16:00
▶ 오후 근무
  (위험훈련 시 의무지원,
  응급의료장비 점검,
  응급의료관련 행정업무)
17:30
▶ 체력단련
  (개인별 운동: 조깅, 베드
  민턴, 헬스, 테니스 등)

 13:30
▶ 점심시간

이른 나이에
군 복무를 마치고
블루오션을 찾다

▶ 유치원 졸업식

▶ 과학 경시대회 입상

▶ 미국911구급차 동승 실습

어린 시절에 어떤 성향이셨나요?

어린 시절 욕심이 많은 아이였어요. 하고 싶은 일이 있거나 갖고 싶은 물건이 있으면 떼를 써서 부모님께 요구했었죠. 자기 주관이 뚜렷한 게 장점이었지만, 한편으로는 고집이 세기도 했죠. 할아버지 시골집이 차로 한 시간 거리에 있었는데 어린 마음에 혼자 걸어서 길을 나섰다가 부모님께서 미아 실종 신고까지 하셨답니다. 하지만 남에게 피해를 주면서까지 자기주장을 펴지는 않았습니다.

Question 학창 시절 좋아했던 과목이나 흥미를 느낀 분야가 있으셨나요?

과학을 좋아했어요. 어떤 현상이 발생했을 때 왜 그런 현상이 일어나는지 과학적으로 접근해서 설명하는 게 신기했죠. 이해하고 나면 뭔가 알아가고 있다는 보람과 자신감이 생겨서 다른 과목보다 좋아했던 거 같아요.

Question 중고등학교 시절에 성적은 괜찮았나요?

중고등학교 때는 부끄럽게도 성적이 그리 좋지 않았습니다. 아무래도 친구들과의 교우관계를 먼저 생각하다 보니 학업에 열정적이지 못했죠. 지금에 와서는 그 부분이 조금 아쉬워요. 하지만 매년 학급 실장을 역임할 정도로 친구들 사이에서는 리더십이 있었던 거 같네요. 친구들 사이에서 서로 생각이 맞지 않으면 잘 들어주고 이견을 조율했었죠.

Question 학창 시절 희망했던 직업으로 인해 부모님과의 갈등은 없었나요?

학창 시절부터 저는 경찰관이나 소방관과 같이 누군가에게 도움을 주는 직업을 갖고 싶었습니다. 부모님도 저와 같은 생각이었고요.

Question 응급구조학과에 들어가신 과정을 알고 싶어요

4년제 대학에 입학했다가 자퇴를 하고 20살에 입대하게 되었죠. 일단 성적에 맞춰 학과를 선택한 게 잘못된 선택이었다고 느꼈고, 빨리 군 복무를 마치고 새롭게 시작하는 게 나을 거라 판단했어요. 제대하고 나서 여러 학과를 알아보던 중, 취업을 생각해보니 보건 계열이 눈에 들어왔죠. 보건 계열 중에 응급구조학과를 알게 되었는데 응급 현장이라는 특수상황에서 누군가를 도와줄 수 있는 부분이 제일 마음에 와닿았답니다. 그리고 다른 보건 계열 학과와 달리 신생 학과라서 그 당시 블루오션이라는 생각도 들었고요.

Question 늦은 나이에 대학에 입학해서 어렵진 않으셨나요?

제대 후 대학 생활을 하다 보니 학과 친구들과 어울림보다는 학업에 열중했었죠. 그때 제 심정은 '여기가 내 인생의 가장 밑이다.'라고 생각했고, 이제 위로 올라갈 일만 남았다고 믿었습니다. '생명지킴이'라는 동아리 활동을 했는데 응급처치 교육을 하는 동아리였어요, 사람들 앞에서 이야기하는 게 쉽지 않더라고요. 교수님들이 강의하시는 모습을 모방하면서 시작했었죠. 그때 동아리 활동이 나중에 제가 교육자가 된 밑거름이 되지 않았나 싶습니다.

민간 응급의료체계에서 군 응급의료 체계로

▶ 미국 스토니부룩 주립대학교 병원임상실습

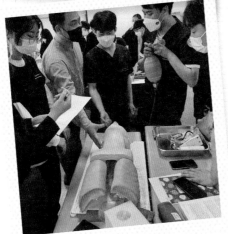
▶ 응급구조학과 응급처치 실습

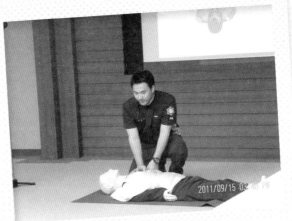
▶ 소방공무원으로서 응급처치

대학 시절 교내·외에서 특별히 기억에 남는 활동은 무엇인가요?

대학 생활 중 미국 뉴욕 스토니브룩대학과 자매결연을 통해서 병원과 911구급차 실습을 진행한 적이 있어요. 처음으로 미국을 가본 것도 설 지만, 응급의료 선진국의 중심에서 실습한다는 기대가 컸었죠. 그때 정말 많은 걸 배웠고, 제가 지닌 우물 안 시야를 크게 넓히는 기회였습니다.

학창 시절에 현재의 직업에 도움이 될 만한 활동이 있었나요?

응급구조사라는 직업은 다양한 환경에서 업무를 추진합니다. 현장 장악력, 침착성 그리고 남을 위하는 봉사심, 환자 상태에 따른 손상기전 파악 등 복합적인 일을 최단 시간에 이뤄야 하죠. 학창 시절에 학급 임원과 동아리 활동하면서 리더십을 갖추었고, 과학 실험을 통해서 분석력을 키웠던 것 같네요. 그리고 누군가를 도와주는 봉사활동도 빼놓을 수 없는 유익한 경험이죠.

진로 결정 시 도움을 준 활동이나 사람이 있었나요?

이 부분이 저에겐 참 어려운 부분이었습니다. 왜냐하면 응급구조학과가 생긴 지 이제 25년이 되었죠. 제가 이 길을 선택했을 시기는 누군가에게 물어보고 진로를 선택할 수 있는 상황이 아니었어요. 그래서 모든 걸 새롭게 개척해야 하는 부분이 많았답니다. 하지만 제가 선택한 학과, 직종이었기에 진로 선택 시 업무 담당자를 직접 만나 궁금한 사항을

묻고 답을 얻어가는 과정을 거쳤지요. 후회하더라도 핑계 대지 않고 저 자신의 선택에 책임을 진다는 각오로 여기까지 왔습니다.

Question 응급의료는 구체적으로 어떻게 구성되나요?

응급의료는 크게 '병원 전 단계 - 이송 단계 - 병원 단계'로 이뤄져 있습니다. 저는 2008년 응급구조사라는 직업을 선택한 이후, 응급의료 영역에서 할 수 있는 일을 모두 해본 거 같네요. 병원 전 단계와 이송단계업무는 119 구급대원으로서 병원 전 응급현장 근무를 하면서 익혔죠. 병원 단계는 경찰병원 응급의료센터와 아주대학병원 경기남부 권역 응급의료정보센터에서 병원 임상 근무를 하면서 경험했고요. 그곳에서 응급의료의 기본적인 경험을 쌓았죠.

Question 군 응급의료에 관심을 두게 된 이유가 궁금합니다.

현대적인 개념의 응급의료체계는 나폴레옹의 군의관 Dominique Jean Larrey가 최초로 도입한 것으로 미루어 알 수 있듯이 응급의료체계는 원래 군에서부터 발전하게 된 영역입니다. 하지만 우리나라는 아직 군 응급의료체계가 민간영역보다 발전이 더디다고 보였어요. 그래서 제가 지닌 경험을 통해서 조금이라도 군 응급의료체계에 도움이 되지 않을까 해서 군무원을 선택하게 되었죠.

Question 근무 여건이나 직업 전망에 관해 알고 싶어요

　일반적으로 군무원이라는 직업적 특성상 군부대에 출근하고 군인들과 함께 생활합니다. 연봉은 일반 행정직 공무원과 같아요. 전문경력관은 크게 3등급으로 나뉘는데 가군은 4~5급 정도, 나군은 6~7급, 다군은 8~9급으로 보시면 되고요. 연봉은 호봉에 따라 달라지기에 공무원 월급표를 참고하면 좋을 거 같네요. 앞으로 출생률 감소에 따른 징집 인원의 부족으로 한강 이남 지역 전투 병력을 한강 이북으로 배치할 겁니다. 따라서 그 자치를 군무원으로 대체하는 시점이어서 지속해서 채용이 증가할 예정입니다

Question 일반인들이 군무원에 대해서 잘못 알고 있는 사실이 있을까요?

　군무원을 군인과 유사하게 생각하는 사람이 많은 거 같아요. 군무원은 군복을 입거나 군 훈련을 받지 않으며 국방부에 소속되어 있는 국가직 공무원입니다. 그래서 어떤 형사적인 문제가 발생했을 때 경찰조사를 받는 게 아니라 군법에 따라 군 경찰에서 조사를 받죠. 하지만 군인이 아니기에 군인연금에 해당하지 않고, 공무원연금을 받게 됩니다.

Question 스트레스를 해소하기 위해서 어떤 취미활동을 하시나요?

　요즘은 조깅을 하면서 생각하는 시간을 많이 갖습니다.

Question 요즘 일하시면서 가장 신경 쓰는 부분이 무엇인가요?

현재 전문 군무경력관이 부대 내에서 역할이 명확히 잡혀 있는 게 아니라서 계속 업무에 관한 프로세스를 만들어 가는 중이에요. 새롭게 뭔가를 만들어 가는 과정이고, 앞으로도 지속해서 진행해야 하는 부분이 많이 남아있어요.

Question 앞으로 삶의 비전을 간단히 설명해주시겠어요?

응급의료단계인 병원 전-이송-병원 내 전 과정뿐만 아니라 군 응급의료체계까지 경험한 응급구조사로서 응급의료체계에 발전에 조금이나마 도움이 되고 싶어요. 그리고 제가 갖추고 있는 경험과 지식을 후배 양성에 밑거름이 될 수 있도록 노력하겠습니다.

Question 응급의료체계의 발전을 위해서 어떤 노력을 하고 있나요?

군 응급의료체계 발전을 위해서 연구가 아직 부족한 실정입니다. 그래서 업무 범위, 규정과 표준지침 등 다양한 부분에서 연구와 정책 제언 등이 필요하죠. 그래서 여러 연구자료를 수집하고 분석하고 있죠. 추후 이러한 자료를 바탕으로 논문 등으로 제언할 예정입니다.

응급구조사를 꿈꾸는 청소년들에게 응원의 말씀 부탁드립니다.

요즘 사회에서는 안전이 보장되지 않으면 어떠한 업무를 수행하기 쉽지 않습니다. 현행 법률상, 병원 전 과정에서의 응급처치를 시행할 수 있는 전문가는 응급구조사뿐입니다. 응급상황 시 누군가에게 도움을 줄 수 있는 직업, 그리고 그 도움을 통해 누군가를 살릴 수 있는 직업이 바로 응급구조사라고 생각해요. 아직도 미약한 부분이 있지만, 앞으로 계속 발전할 수 있는 가치 있고 전망 있는 직업이기에 소명감이 있다면 도전해 보셨으면 좋겠네요.

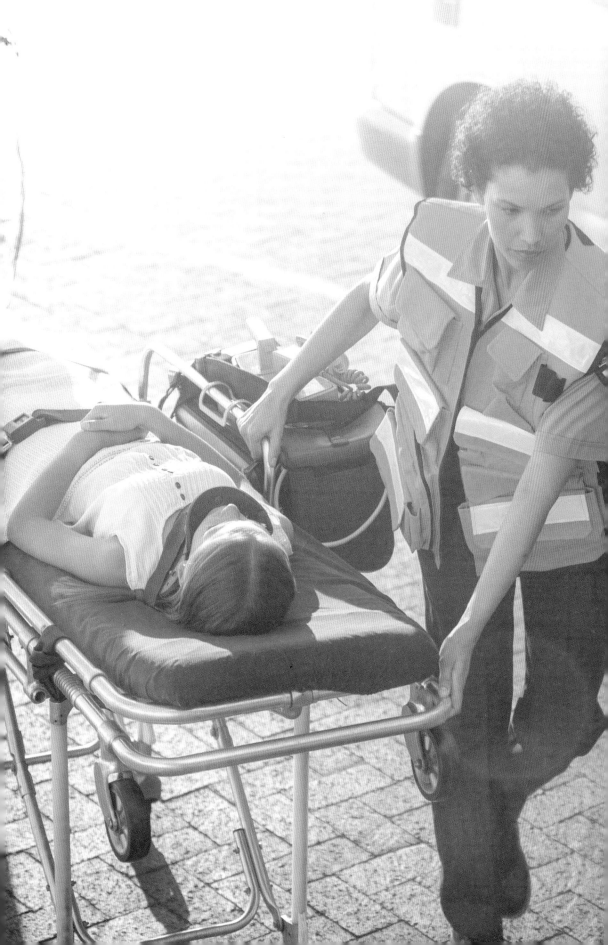

5.18 민주화 운동 유공자였던 아버지께서 꾸준히 자기 개발하시는 모습을 보면서 존경심을 품고 어려운 환경을 이겨나갔다. 대한적십자사에서 수상안전법 강사 활동을 하면서 응급처치와 안전교육에 관한 관심을 두게 되었다. 고등학교 시절에 학업에 관심이 없어 어렵게 대학에 입학하였으나 늦은 학업이었기에 치열하게 대학 생활에 임했다. 학회장으로서 학과를 이끌어가는 역할을 하고 의료봉사 동아리를 만들어 대외 활동도 하였다. 대학병원에서 남다른 노력으로 실습에 임한 결과, 졸업 후 그곳이 첫 직장이 된다. 이후 대학병원에서 근무하면서 해양경찰 구급대원을 알게 되어 입직하였다. 퇴직 후에도 응급구조나 생활안전을 위한 지역교육센터를 설립할 계획을 품고 있기에 지금도 개인적인 역량을 계속 쌓아가고 있다.

- -

해양경찰서 구조대
김황림 경사

현) 해양경찰서 구조대 경사
- 서영대 응급구조과 겸임교수
- (사)생활안전보건연합 수상안전분야 교육이사
- 대한적십자사 수상안전법강사, 응급처치법강사
- 수상구조사 평가위원
- 2009년 2월 해양경찰청 구급특채(2기) 입직
- 2006~2009년 광주 전남대학교병원
  권역응급의료센터 근무
- 광주 호남대학교 응급구조학 전공 석사 졸업
  ("이동 중인 구조보트 내에서 수기가슴압박과
  기계가슴압박의 질 비교" 연구논문)
- 광주 서영대학교 응급구조과 졸업
- 광주대학교 사회복지학과 졸업

응급구조사의 스케줄

김황림
응급구조사의 **하루**

22:00 ~ 다음날 06:00
▸ 야간상황 대기 근무

08:00 ~ 08:30
▸ 자녀 등교

16:00~18:00
▸ 개인 체력단련

08:40
▸ 사무실 출근

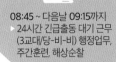
08:45 ~ 다음날 09:15까지
▸ 24시간 긴급출동 대기 근무
(3교대/당-비-비) 행정업무,
주간훈련, 해상순찰

08:45 ~ 09:15
▸ 업무 인계인수
(개인 및 공용장비 점검,
기타 행정업무 등)

아버지는
나의 본보기

▶ 대학 시절 마라톤 행사 안전관리 지원

▶ 가족사진

▶ 가족 사진

Question 부모님은 어떤 분이셨나요?

어머니는 그냥 가정주부이셨고, 아버지는 5.18 민주화운동으로 유공자셨죠. 지금이야 5.18 민주화운동이라고 하지만 5.18 특별법이 제정되기 전까지는 5.18 사태 주동자로 정상적인 직장생활이 어려우셨어요. 하지만 저는 아버지의 영향을 참 많이 받았고, 존경의 대상이셨습니다. 아버지는 뒤늦게 대학 공부와 자격증 등 자기 계발을 하셨기에 그런 모습을 존경했어요. 그 모습이 지금 저에게도 영향을 주고 있는 것 같네요.

Question 학창 시절을 어떻게 보내셨나요?

가정형편의 어려움으로 잘살았던 주택을 정리하고 중학교 3학년 때 영세아파트로 거주를 옮겨 생활했어요. 영세아파트에서 산다는 콤플렉스로 새로운 친구를 만나거나 이성을 만날 때 버스정류장에서 한두 정거장 전, 후에서 내려서 걸어갔던 기억이 납니다. 물론 항상 그랬던 건 아니었지만, 친분이 쌓이거나 가까워지면 어려운 형편을 숨기지는 않았어요. 부모님의 권유로 인문계 고등학교에 진학했었죠. 재학 중이던 시절엔 학업에 대한 열의가 없었습니다. 고등학교 때 친구들보다 중학교 때 친구들과의 만남이 더 잦았어요.

Question 학창 시절 좋아했던 과목이나 흥미를 지닌 분야가 있으셨나요?

학창 시절에는 주로 신체활동을 좋아해서 체육 과목을 좋아했었고, 개인적으로 트레킹 산행 등을 좋아했습니다. 또한 그림 그리기에도 재미를 느껴 한때는 만화 따라 그리기 등을 했었습니다.

Question 중고등학교 시절 학교생활을 어떻게 보내셨나요?

중학교 때부터 고등학교까지 길거리 농구에 빠져서 살았던 것 같습니다. 그때만 해도 대학 농구에 대한 열풍과 관심이 컸죠. 주말에는 아침부터 저녁까지 친구들과 농구만 했던 기억이 납니다. 작은 키지만, 빠른 몸놀림으로 득점에 영향을 주는 가드 역할에 큰 매력을 느꼈어요. 학교 성적에 크게 관심이 없었지만, 학교생활에 소홀하지는 않았답니다. 중학교부터 고등학교 6년 개근을 할 정도로 성실한 학교생활을 해왔거든요. 고등학교 때 수화동아리를 했고, 소개받은 어느 개척교회 집사님께 직접 찾아가 수화를 배워서 공연했던 기억이 나네요.

Question 부모님의 기대 직업으로 갈등을 겪진 않았나요?

학창 시절 저는 경찰공무원(형사)을 희망했었고, 그런 제 생각에 부모님은 크게 반대하시거나 거부감을 느끼진 않으셨던 것 같아요.

Question 응급구조학과에 관심을 두게 된 이유가 무엇인가요?

대한적십자사에서 수상안전법 강사 활동을 하면서 응급처치와 수상안전 등의 안전교육에 관한 관심을 두게 되었죠. 특히 인명구조와 관련된 구조업무에 대한 매력을 느꼈습니다. 가정형편 상 대학을 생각하지 않고 있었는데, 마침 아버지께서 5.18민주화운동으로 국가유공자가 되셔서 소방119구급대를 꿈꾸며 대학진학을 결심하게 됐어요.

Question 대학진학 과정이 어렵지 않으셨나요?

대학진학이 순탄치 않았죠. 고등학교 시절 학업에 관심이 없었기에 수능점수로 당락을 결정하는 입학전형 보결 마지막에서 마음 졸이며 기다렸던 때가 기억이 납니다. 제가 이 대학에 꼴등으로라도 입학만 하게 되면 반드시 우수한 성적으로 졸업하겠다고 다짐했어요.

Question 학창 시절 현재 직업에 도움이 될 만한 활동이 있었나요?

해병대를 제대한 후 얼마 되지 않아서 대한적십자사 수상안전법과 응급처치 강사 교육을 이수해서 자격을 취득했어요. 그걸 시작으로 20대 전반에 수상안전 및 응급처치 강사 활동을 하며 보냈습니다. 직업 활동이 아닌 봉사활동이었지만, 활동하는 내내 자부심과 보람을 느꼈었죠. 미래를 생각하며 활동하기보다는 현재 활동하고 있는 생명을 구하는 일이 너무 좋아서 흠뻑 빠져 살았던 것 같습니다.

진로 결정 시 도움을 준 활동이나 사람이 있었나요?

해병대 제대 후 대한적십자사 수상안전법 강사 활동을 하면서 비로소 제가 좋아하는 일을 찾았습니다. 인명을 구조하고 생명을 살리는 일을 할 때 저는 설렘, 열정과 함께 큰 보람을 느꼈습니다. 또한 아버지께서 꾸준히 자기 계발을 하시는 모습을 보면서 자연스레 존경하는 아버지의 영향을 받았던 것 같아요.

Question **대학병원에서 해양경찰 구급대로 옮기실 때** 심리적 부담은 없었나요?

안정적인 대학병원 생활에서 해양경찰 구급대라는 생소한 분야를 선택하기까지 오랫동안 고민했었죠. 하지만 선택하지 않고 후회할 바엔 차라리 새롭게 시도해보고 후회하는 게 나을 거로 생각했어요.

Question **해양경찰 응급구조사가 되기 위해 어떤 조건이 필요할까요?**

일단 응급구조학과를 졸업하고 국가시험을 취득해야 합니다. 병원(임상) 경력을 최소 2년 이상 거쳐야 하고요. 또한 해양경찰공무원 채용시험 기준에 따른 자격조건을 갖추고 있어야 하죠.

Question 응급구조사가 되려면 어떤 준비과정이 필요한가요?

응급구조학과를 졸업하고 국가시험을 취득한 후 병원(임상) 경력을 최소 2년 이상 거쳐야 합니다. 또한 해양경찰공무원 채용기준에 따른 자격조건을 갖추고 채용시험을 응시하고 서류심사, 체력 및 적성 검사, 3차 면접을 통해 최종합격을 하게 됩니다. 최근에는 채용시험제도가 바뀌어서 최신 채용정보에 맞춰 사전에 준비하는 것도 매우 중요합니다.

Question 응급구조사가 되기까지 어떤 과정을 거치셨나요?

해병대를 전역한 후 대한적십자사 수상안전법강사 및 응급처치법강사 활동을 하던 중 생명을 구하는 일에 큰 매력을 느껴 관련 대학(응급구조과)에 진학하였습니다. 졸업 후 대학병원 권역응급의료센터 응급구조사로 근무하다 해양경찰에 합격하여 해양경찰 응급구조사로서 구조대에 근무하게 되었습니다.

Question 응급구조사로서 가장 중요하게 생각하는 직업 철학은 무엇인가요?.

해양경찰 구조대원이 된다는 것은 어떠한 환경과 조건에서도 완벽한 구조임무를 수행할 수 있도록 부단히 노력하는 과정입니다. 한 가지만 잘하는 게 아니라 다방면으로 멀티플레이어가 되어야만 소중한 생명을 구하는 데 매우 유리하죠. 또한 '반드시 구조한다!'라는 강한 의지가 있어야 하겠죠.

해양경찰 구조대에서 첫 업무는 무엇이었나요?

긴급출동대기로 각종 해양사고 시 최일선에서 다양한 현장 대응을 했었죠. 예를 들면 인명구조나 잠수구조, 응급처치와 이송 등의 업무를 했습니다. 평상시에는 동료와 함께 지역사회에 대한 안전교육 등을 하며, 해양사고예방활동을 하고 있습니다.

Question 해양에서 구조 작업을 하시면서 새롭게 알게 되신 게 있을까요?

해양은 육상과는 너무도 다른 특수한 환경입니다. 해양에서 이루어지는 해양경찰의 다양한 업무(수사, 구조, 해양주권 수호 등)를 알게 되었죠. 삼면이 바다인 반도 국가로서 해양은 우리에게 필요하지만, 그만큼 큰 위험이 도사리고 있다는 것을 알게 되었습니다.

Question 해양경찰에 관한 오해가 있다면 무엇인가요?

"해양경찰이 되면 항상 경비함정을 타야 하나요?"라는 질문을 많이 받습니다. 하지만 해양경찰공무원은 순환식 근무이기에 일정 기간 근무 후 본인의 의지에 따라 원하는 육상근무 등 적정 부서에서 근무할 수 있답니다. 또한 경비함정을 타는 경우 입항 후 그에 상응하는 휴무와 복지가 보장되어 있기에 크게 걱정하지 않아도 됩니다. 오히려 요즘에는 신형 경비함정의 재배치로 많은 직원이 선호하는 추세죠.

▶ 응급처치 및 이송 준비 중

최선을 다하지 않으면 후회할 자격도 없다

▶ 익수자 구조 후 현장응급처치

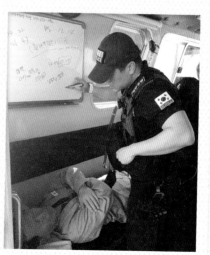
▶ 구조정 이송 중 환자평가 및 처치

Question 근무환경이나 급여조건에 대해 궁금합니다.

평소에 해양경찰 전용부두 내 24시간 대기하다가 상황실로부터 긴급출동 지령이 떨어지면 구조대 구조정(보트)을 이용하여 현장 대응을 하게 되죠. 연봉은 근무부서에 따라 초과근무가 다르기에 다소 차이는 있지만, 구조대 근무체계(교대/당-비-비)와 현 계급(경사) 및 호봉(16호봉)으로 볼 때 연봉 7천3백만 원~7천5백만 원(세전) 정도입니다.

Question 업무의 양이나 근무체계로 인한 스트레스는 없나요?

순환근무에 따른 발령 등으로 부서나 근무체계에 따라 변동의 가능성은 항상 있어요. 경찰공무원 근무체계가 호봉과 근무연수에 따라 근무환경 및 직무스트레스 등 편차가 크답니다. 업무량과 업무의 질은 근무하는 부서마다 차이가 있어 단정 지어 말하기가 어렵네요. 구조대의 경우 계급별 서열에 따라 역할 분담으로 수행하는 임무가 있어요. 하지만 현장 대응을 위한 출동부서이므로 상황에 따라 개별업무의 경계 없이 다양한 업무를 수행하게 됩니다.

Question 스트레스를 해소하기 위한 취미활동에 대해서 알려주십시오.

주로 신체활동을 위한 운동을 하고 있으며, 승진시험에 대한 스트레스를 최소화하기 위해 자기 계발을 위한 전공 공부를 꾸준히 하고 있습니다. 이를 토대로 다양한 교육활동은 저 자신을 자극하고 자부심을 느끼게 하는 동기부여가 되고 있습니다.

Question 일하시면서 뿌듯하고 기억에 남는 경험은 무엇인가요?

교육 사각지대인 도서 지역 학교를 직접 찾아가 해양 안전교육을 실시한 적이 있었죠. 그때 학생뿐만 아니라 교직원 대상으로 교육을 확대해서 시행했어요. 적극 교육 서비스를 제공하였던 일로 그해 여름 내내 쉬는 날마다 교육 다니느라 힘들었죠. 하지만 보람되었던 기억이 납니다.

Question 향후 목표와 인생의 비전을 말씀해주십시오.

퇴직 후에도 응급구조나 생활안전 보급을 위해 지역교육센터를 설립하고 싶어요. 그리고 응급구조에 관하여 꾸준히 전문성을 유지하고 싶고요. 여러 가지 활동을 통해서 개인적인 역량을 지속해서 쌓아갈 겁니다. 이와 관련한 서적도 출판할 계획입니다.

Question 미래를 설계하는 청소년들에게 조언 부탁드립니다.

젊음을 무기로 삼아서 성공에 도전하세요. '최선을 다하지 않으면 후회할 자격도 없다'는 말이 있어요. 제 인생에서 가장 열정적이었던 대학 시절에 항상 머릿속에 새겼던 말이죠. 늘 그 문구는 저를 자극하게 했습니다. 현재의 어려운 상황을 불평하고 한탄하기보다 본인이 즐겁게 자부심을 느끼며 할 수 있는 일을 찾으세요. 그 일이 마음을 설레게 한다면 즉시 행동하길 바랍니다.

응급구조사에게
청소년들이 묻다

청소년들이 응급구조사에게
직접 물어보는 9가지 질문

미군 부대에서 응급구조사로 일하려면 어떻게 해야 하나요?

응급구조사가 되려면 일단 응급구조학과를 졸업하고 국가고시를 봐서 합격해야 하고요. 미군 부대로의 취직은 추가로 일정 수준의 영어만 가능하면 일단 8부 능선은 넘은 겁니다. 병원이나 소방 경력이 있으면 좋지만, 경력이 없거나 부족하다는 이유로 채용하지 않는 건 아니에요. 문제는 채용 정보를 아는 방법이 다소 제한적이고 직접 웹사이트에 들어가 확인해야 하죠. 공고도 자주 나오지 않아서 꾸준한 관심을 두고 채용 공고를 모니터링해야 합니다. 현실적으로 주변에 미군 부대에서 일하는 지인이 없다면 채용 공고가 나왔을 때 그 정보를 얻기가 어려워요.

응급구조 군무원 되기 위해 꼭 필요한 경력이 있을까요?

응급구조 군무원(전문경력관)의 채용단계는 2021 기준으로 서류와 면접으로만 이루어져 있습니다. 서류전형에는 일반적인 자기소개서와 직무기술서를 써야 하는데, 군에서 응급구조담당을 하기 위한 직무능력 평가의 잣대라고 볼 수 있죠. 그래서 임상적인 경력이나 TCCC(전술적 전투 부상자 처치)와 같은 군 관련 응급의료 교육을 받아두면 도움이 될 거로 생각합니다.

응급구조학과 교수님이 되신 계기와 과정이 궁금합니다.

현재 응급구조학과 대학교수라는 직업은, 학창 시절보다는 졸업 후에 병원에 근무하면서 품은 진로입니다. 현장 적응력 향상을 위해 응급구조학과 학생들이 병원에 실습생으로 오거든요. 저는 이러한 학생들의 교육을 담당하게 되었고요. 학생들에게 실습 지도를 하다 보니 이론보다는 술기에 집중되어 있다는 안타까움이 생겼답니다. 그 당시 응급구조학을 전공하신 교수님이 없다는 안타까운 현실 때문에, 1회 선배로서 무거운 책임감에 갖게 됐죠. 그래서 제가 가지고 있는 임상 현장 실력과 이론을 접목해서 제대로 후배를 가르치겠다는 계획이 섰죠. 그게 응급구조사 1회 선배로서 할 역할이라는 것을 알게 되었고, 이로 인해 석,박사를 하면서 교단에 서게 됐습니다.

해양경찰 구조대에 관한 소개 부탁드립니다.

해양경찰 구조대는 수색 및 구조활동에 필요한 장비를 갖추고 있으며 해양경찰청 소속 경찰공무원으로 편성되어 있습니다. 해양경찰서에 설치된 단위조직으로서 각종 해양사고 발생 시 최일선에서 인명을 구조하고 국민의 재산 보호를 위해 다양한 활동을 합니다. 대장님 포함 총 25명으로 8명씩 3교대(당-비-비)로 편성되어 있으며 구조대원은 구조요원(구조직별), 구급요원(구급직별)로 구성되어 있습니다.

진학이나 진로 결정에 도움을 준
활동이나 사람이 있었나요?

집안 형편이 어려워 군 제대 후 복학을 못 할 상황이 되었어요. 어렸을 때부터 태권도를 했기에 시골에서 아버지 모시며 태권도장을 운영할 뻔했죠. 그 결정을 해야 할 무렵에 목수 일을 하시던 큰아버지가 시골에 오신 적이 있어요. 저에게 1학년 때 배웠던 게 무엇인지 물으셨죠. 그리고 목수라는 직업으로 사시며 '전문가'의 자존감에 관해서 말씀해주셨습니다. 형편이 너무 어려웠지만, 아버지께 더 공부해보고 싶다고 말씀드렸고 그래서 지금까지 왔네요.

병원과 소방서에서 응급구조사의
위치나 역할은 무엇인가요?

응급구조사는 의료인(의사, 치과의사, 한의사, 간호사, 조산사)은 아닙니다. 응급구조사는 의료인이 아닌 응급의료종사자(의료인+응급구조사)입니다. 응급구조사가 되어서 새롭게 알게 된 너무나 좋은 일은 죽어가는 사람을 살릴 수 있는 기술과 능력을 배웠다는 사실이죠. 실제로 많은 사람을 살릴 수 있었어요. 병원에 근무하는 응급구조사였다면 이런 보람은 덜 했을 겁니다. 소방서 구급대원 응급구조사는 의사의 아바타 역할을 해야 합니다. 병원에서 근무하는 응급구조사보다 많은 긴장감과 스트레스를 지니고 응급환자와 마주하게 됩니다. 하지만 의사 선생님의 지시에 따라 내가 시행한 응급처치가 적절하게 시행되어 환자가 소생했다면, 그 성취감은 훨씬 크다고 할 수 있죠.

응급구조사에게 어떤 준비가 필요하고 어떤 진로가 있나요?

응급구조사의 취업처는 대학병원, 소방구급대원, 해양경찰, 군무원, 대학교수 등 다양합니다. 하지만 이러한 직장에 취업하기 위해서는 먼저 응급구조사 자격증을 취득해야 하죠. 특히 1급 응급구조사의 경우 대학을 졸업하고 보건복지부에서 시행하는 국가자격증에 합격해야 합니다.

대학 교수의 경우 충분한 임상경험(병원, 구급대원 등)이 있어야 하고, 석·박사 학위가 필요해요. 또한 교수가 되기 위해 충분한 논문(연구실적)이 있어야 교수에 도전해 볼 수 있어요. 이러한 사항은 미리 준비해야 합니다. 최소 4년 이상 준비해야 할 겁니다.

소방서에서 응급구조사로 활동하신 과정을 알고 싶어요.

병원 응급실 응급구조사 생활을 마치고, 1999년 10월 소방서 구급대원으로서 응급구조사 생활을 하게 되었습니다. 처음 서울 중부소방서 무학파출소라는 곳에서 구급대원으로 임용되었죠. 하루 24시간 근무 중 평균 15건 이상의 적지 않은 출동을 하면서 구급대원의 다양한 현장 경험을 하게 됐습니다. 2002년에는 전남소방본부로 시도 간 인사교류가 이루어졌죠. 담양소방서, 영광소방서, 화순소방서, 전남소방본부 항공구조대 등 18년의 외근 부서인 현장에서 응급환자의 응급처치와 이송업무를 했습니다. 그리고 2018년부터는 나주소방서에서 내근근무를 하게 되었습니다.

미군 부대 응급구조사에 관한 궁금증을
하나씩 풀어주세요.

1. 국적이 미국이어야 하나요? 대한민국 국민이어도 주한미군이 직접 고용하는 형태로 근무할 수 있어요. 저도 대한민국 국민입니다.

2. 영어를 잘해야 할까요? 서류상으론 토익 550점이면 지원할 수 있어요. 간단히 대화할 수 있는 정도의 점수이지 않을까 싶네요. 현장에서 환자한테 빨리 문진해서 평가해야 하는 직업의 특성을 고려하면 어느 정도의 영어 실력은 갖추어야 합니다.

3. 미군 부대에서 일하면 월급이 미국 달러로 들어오나요? 매달 월급통장에 한화로 들어옵니다.

4. 미국 군무원 소속인가요? 엄연히 말하면 군무원은 아니고, 주한미군이 고용한 한국인 근로자라고 봐야죠. 그렇지만 종종 사람들의 빠른 이해를 돕기 위해 군무원 같은 거라고 대답할 때가 많아요.

5. 환자가 전부 미군인가요? 부대 영내엔 미군과 그 가족, 미 군무원, 한국군(카투사 포함), 한국인 근로자, 그리고 소수의 방문자가 출입하죠. 따라서 환자는 언급한 모두가 될 수 있어요. 하지만 미국 사람은 주로 영내의 군 병원 응급실로, 한국 사람은 주로 영외의 인근 병원 응급실로 이송됩니다.

6. 미군병원은 전액 무료인가요? 군 병원은 기본적으로 미국인들에게만 무료로 운영됩니다. 다만, 한국군이나 한국 근로자도 근무 중에 발생한 응급 질환이나 외상의 경우엔 영내의 군 병원을 이용해도 비용처리가 가능하답니다.

CHAPTER

| 3 |

예비
응급구조사
아카데미

응급구조 관련 학과

응급구조(학)과

학과개요

응급의료는 현대 사회의 각종 불의의 사고, 재난, 질병 등으로부터 국민의 생명을 보호하고 전문적인 응급처지를 통해 응급환자에 대한 생명 유지와 합병증을 예방하고 보다 나은 의료 서비스를 제공함으로써 국민 건강 향상에 중요한 역할을 하고 있습니다. 이에 응급구조학과는 응급처치에 관한 과학적 의료 지식과 실무 중심의 기술을 교육하여 응급환자의 건강과 생명을 보호할 수 있는 인재 양성을 목표로 하고 있습니다.

학과특성

최근 각종 사고 발생이 잦아지면서 응급의료의 수요가 급증하여 응급구조사의 역할이 더욱 중요해지고 있습니다. 최근에는 일반인에 대한 응급처치 교육을 제공해야 하는 일이 늘어나면서 현장에서 뛰는 응급구조뿐 아니라 응급처치 교육, 응급구조학 연구, 응급구조 행정관리 등 다양한 분야에 대한 탐색이 이루어지고 있습니다.

개설대학

지역	대학명	학과명
강원도	강원대학교(삼척캠퍼스)	응급구조학과
	경동대학교(메디컬캠퍼스)	응급구조학과
경기도	가천대학교(글로벌캠퍼스)	응급구조학과
	경동대학교(메트로폴캠퍼스)	응급구조학과
	을지대학교(성남캠퍼스)	응급구조학과
	동남보건대학교	응급구조과
	서정대학교	응급구조과
경상남도	김해대학교	응급구조과
	마산대학교	응급구조과

지역	대학명	학과명
경상북도	경일대학교	응급구조학과
	경북도립대학교	응급구조과
	선린대학교	응급구조과
	성운대학교	응급구조과
	포항대학교	응급구조과
광주광역시	남부대학교	응급구조학과
	호남대학교	응급구조학과
	광주보건대학교	응급구조과
	동강대학교	응급구조과
	서영대학교	응급구조과
대전광역시	건양대학교(메디컬캠퍼스)	응급구조학과
	대전대학교	응급구조학과
	우송대학교(본교)	응급구조학과
	대전보건대학교	응급구조과
부산광역시	동의과학대학교	산업보건응급구조학과
	동의과학대학교	응급구조과
	동주대학교	응급구조과
울산광역시	춘해보건대학교	응급구조과
전라남도	광양보건대학교	응급구조과
	동아보건대학교	응급구조과
	청암대학교	응급구조과
전라북도	호원대학교	응급구조학과
	전주기전대학	응급구조과
	전주비전대학교	응급구조과
제주특별자치도	제주한라대학교	응급구조과
충청남도	공주대학교	응급구조학과
	나사렛대학교	응급구조학과
	남서울대학교	응급구조학과
	백석대학교	응급구조학과
	선문대학교	응급구조학과

지역	대학명	학과명
충청북도	한국교통대학교	응급구조학과
	대원대학교	응급구조과
	충북보건과학대학교	응급구조과
	충청대학교	응급구조과

응급구조 관련 학문

1. 병리학

병의 원리를 밝히기 위하여 병의 상태나 병체(病體)의 조직 구조, 기관의 형태 및 기능의 변화 등을 연구하는 기초 의학이다. 병의 원인·발생·경과 및 그 변화 등에 관한 연구를 하는 학문으로, 넓은 의미로는 생물체에서 볼 수 있는 모든 이상(질환) 및 기형을 대상으로 한다. 그러나 좁은 의미로는 인체를 다루어 병변의 본태를 규명하고 병태(病態)의 구조와 기능의 변화를 분명히 하여 치료와 예방에 공헌하는 기초의학분야(基礎醫學分野)만을 가리킨다. 이에 비해서 상태(常態), 즉 건강한 생체의 구조를 조사하는 것을 해부학(解剖學)이라 하며, 그 기능을 조사하는 학문을 생리학(生理學)이라고 한다.

병리학에서는 현실적으로 병리해부학과 실험병리학에 중점을 두고 있다. 병리해부학은 병시(病屍)를 해부함으로써 생전의 기능이 어떠한 변화를 일으키고 어떤 병변이 원인인가를 조사하는 것이며, 실험병리학은 동물실험으로 병리학의 목적을 달성하고자 하는 학문이다.

2. 생리학

생물의 기능이 나타나는 과정이나 원인을 과학적으로 분석하고 설명하는 생물학의 한 분야이다. 생리학이 속하는 생물학은 생명현상을 물질론적 입장에서 분석하여, 생명이란 무엇인가 하는 의문을 설명하려는 학문이지만, 그 초기에는 과학적인 분석 방법의 미비로 생명체의 형태를 관찰하고 기재(記載)하는 데에만 머물렀다. 생명현상이라고 하는 복잡 미묘한 현상을 깊이 파헤쳐 그 근원을 밝히기 시작한 것은 20세기

에 들어와서의 일이며, 그전까지는 주로 여러 가지 생물들의 형태·생활사·생태 등을 관찰 기록함으로

써 생물을 분류·명명하는 박물학적(博物學的) 내용이 대부분이었다. 그러나 이러한 형태 관찰이 발전함에 따라 점차 생물체의 기능을 분석하려는 노력이 대두되어 생물학은 크게 형태학과 생리학의 두 주류로 구분되었다.

3. 해부학

가장 일찍부터 발전한 생물학의 한 분과로서, 생물체를 해부하여 그 구조를 조사하는 학문으로 생체의 외부 및 내부의 형태를 조사·기재하기 때문에 최근에는 형태학의 한 분야로 취급하는 일도 있다. 대상과 방법에 따라 여러 분과가 있으며 그 중 인체해부학은 인체에 관한 것으로서 기초 의학의 중요 부분이다. 생체의 외부 및 내부의 형태를 조사·기재하기 때문에 최근에는 형태학의 한 분야로 취급하는 일도 있다. 대상과 방법에 따라 여러 분과가 있다. 인체해부학은 인체에 관한 것으로서 기초 의학의 중요 부분이다.

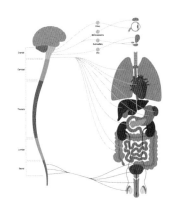

4. 공중보건학

대중을 질병으로부터 예방하며, 육체적, 정신적 그리고 사회적인 건강을 유지 증진하여, 수명을 늘리는 것을 목적으로 한 과학·기술을 연구하는 학문. 과거 개인 위생학의 이론을 조직적인 사회활동을 통하여 대중에 실현하고자 하는 것으로, 자연과학과 사회과학의 원리를 토대로 한 응용적, 학제적, 실천적 학문이다. 환경위생과 사람을 대상으로 하는 위생을 주요한 내용으로 한다.

5. 소생의학

심정지, 쇼크의 원인과 효과적인 소생법을 연구하는 분야이다. 또한 응급 기도 관리, 소생 후 관리도 소생의학의 영역이다. 소생법의 근간은 심폐소생술이며 주로 병원 전 단계에서 이뤄지는 기본 심폐소생술과 주로 병원에서 이뤄지는 전문 심폐소생술로 나뉜다.

6. 외상학

응급 외상학의 가장 중요한 목표는 예방 가능한 사망을 최대한으로 줄이는 것이다. 외상에서의 예방 가능한 사망이란 적절한 시간 내에 치료받았다면 막을 수 있었을 외상 환자의 사망을 말한다. 외상은 전문분야로서의 응급의학 확립에 결정적 계기가 된 분야이기도 하다.

7. 중환자의학

생명을 위협하는 위독한 질환이나 외상의 치료를 연구하는 분야이다. 중환자의학은 인공호흡기의 개발과 중환자실의 도입으로 본격적인 의학의 한 분야가 되었는데, 응급의학의 분과로서 중환자의학은 예후를 결정적으로 좌우하는 급성기의 중환자 치료 연구에 집중되어 있다.

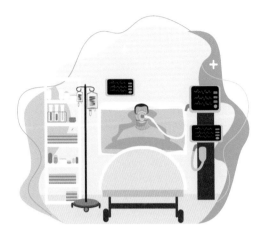

8. 소아응급

어린이는 생리적 특성과 질병 양상이 성인과 다르며 특히 외상은 어린이 사망과 장애의 주원인이다. 소아 응급환자는 심리적 신체적 특성에 따른 특별한 주의가 필요하며 아동학대 등 특수한 상황에 따른 대응과 치료 또한 필요하다. 한국에서는 2014년 대한소아응급의학회를 창립하고 소아응급 세부전문의 제도 도입을 위해 노력하고 있다.

9. 재난의학

사고, 테러, 자연재해 등으로 인해 해당 지역에서 외부의 도움 없이는 적절한 응급의료를 제공할 수 없는 상태를 의학적 의미의 재난이라고 한다. 재난의학은 이런 재난 상황에서 효율적인 응급의료를 최대한 많은 사람에게 제공하는 방법과 정책을 연구하는 분야이다.

10. 환경응급

고체온증(열사병, 일사병), 저체온증, 화상, 동상, 감전, 번개 손상 고산병과 감압병, 여행의학에서 항공의학 및 선상의학 등 각종 환경의 변화에서 비롯된 응급질환의 치료를 연구하는 분야이다.

출처: 네이버지식백과/ 위키백과

생활 속 응급조치

응급처치는 일상생활에서 발생할 수 있는 1분 1초를 다투는 긴박한 상황에서 사용되는 하나의 생명보험이다. 잘 알려진 바와 같이 사람은 심장마비 후 4분 이내에 아무런 조치를 하지 않는다면 그것은 곧 죽음을 의미할 수 있다. 이처럼 응급상황에 대처하는 처치자의 신속 · 정확한 행동 여부에 따라서 부상자의 삶과 죽음이 좌우되기도 한다.

물론 모든 질병과 상처에 응급처치가 필요한 것은 아니다. 평생 우리는 상황을 고작 한두 번 겪을 수 있다. 하지만 생명을 구하는 일은 무엇보다도 중요하고 소중하기에 우리는 응급처치 방법을 알아두어야 한다.

■ 응급처치(First Aid)란?

다친 사람이나 급성 질환자에게 사고 현장에서 즉시 조치하는 것을 말한다. 이는 보다 나은 병원 치료를 받을 때까지 일시적으로 도와주는 것일 뿐 아니라, 적절한 조치로 회복상태에 이르도록 하는 것을 포함한다.

예를 들면 위급한 상황에서 전문적인 치료를 받을 수 있도록 119에 연락하는 것부터 부상이나 질병을 의학적 처치 없이도 회복될 수 있도록 도와주는 행위도 포함한다. 이에 따라서 사람의 삶과 죽음이 좌우되기도 하며, 회복 기간이 단축되기도 한다. 또한 의학적 치료 여부에 따라 장애가 일시적이거나, 영구적일 수도 있다. 응급처치는 일반적으로 타인에게 실시하는 것이지만 상대가 본인이나 가족인 경우는 곧 자신을 위한 일이 된다. 이처럼 응급상황을 인지하고 처치할 줄 안다면 삶의 질을 향상할 수 있다. 문제는 응급상황을 인지하지 못하여 기본증상조차 파악하지 못하는 경우가 생각보다 많다는 것이다.

예를 들면 심장마비 증세가 나타났는데도 상태를 파악하지 못하고 시간을 허비하다가 병원으로 옮겨지기도 한다. 또한 많은 사람이 응급처치 방법을 모르고 있으며 비록 교육을 통해 응급처치 방법을 아는 사람이라도 실제 응급상황에 접하게 되었을 때는 크게 당황하게 되는 것이 사실이다. 그러므로 침착하게 응급상황을 파악하는 것이 매우 중요하다.

■ 응급처치 시 알아두어야 할 법적인 문제

응급처치자는 다음과 같은 법적 문제와 윤리적 문제에 대해 충분히 숙지하고 있어야 한다. 응급처치를 하기 전 처치자는 반드시 부상자로부터 사전 동의를 얻도록 한다. 허락이나 동의 없이 신체를 접촉하는 행위는 위법이며, 어떤 면에서는 폭행으로 간주하여 법적 소송에 휘말릴 수 있다. 따라서 부상자의 사전 동의 없는 응급처치 행위는 위법이 될 수 있다.

의식이 있는 경우 즉, 이성적인 결정을 내릴 수 있는 법적인 성인에게는 사전 동의를 얻어야 한다. 처치자는 자신의 이름을 대고 응급처치 교육을 받았음을 밝혀야 한다. 그리고 앞으로 실시할 응급처치에 관해 설명해야 한다. 부상자는 상태에 따라 직접 말을 하거나 고개를 끄덕이는 방법으로 의사 표현을 할 것이다.

■ 화상 응급처치

- 불, 뜨거운 증기, 기름, 물, 주방 기구 등에 의해서 화상을 입으며, 주로 어린이들에게서 많이 발생한다.
- 화상 부위를 흐르는 찬물 속에 넣어 적어도 10분 동안 담가야 한다.
- 상처 부위는 깨끗하고 가능하면 멸균 처리된 보푸라기가 없는 거즈로 덮어야 한다.
- 얼굴에 난 화상은 환자가 숨을 쉴 수 있도록 구멍을 낸 거즈를 덮는다.
- 물집은 터뜨리지 말고, 화상 부위에 딱 붙어 있는 물질들은 떼어내면 안 된다.
- 로션을 바르거나 연고, 기름 같은 것도 바르면 안 된다.
- 환자를 빨리 병원으로 옮겨야 한다.

■ 일사병 응급조치

- 열 손상 중에는 가장 흔히 발생하는 것으로 더운 곳에서 열심히 운동하였거나 장시간 햇볕을 쬐면 일어나는 것으로 토할 것 같은 느낌과 어지러움, 두통, 경련, 일시적으로 쓰러지는 등의 증상을 나타낸다.
- 시원한 장소로 옮긴 후 편안한 자세로 뉘어두고 옷을 벗겨준다. 부채질하거나, 이온 음료 또는 물을 준다. 단, 의식이 없으면 입으로 아무것도 주면 안 된다.
- 일사병은 보통 시원한 곳에서 안정시키면 좋아지는 경우가 많으나 주위가 덥고 의식이 없어졌다고 하여 다 일사병은 아니다. 따라서 의식이 없는 환자는 의료기관에서 확인하는 것이 중요하다.

■ 열사병 응급조치

- 흔히 일어나지는 않지만 치료하지 않으면 매우 위험한 병으로 격렬한 신체활동이 있으면서 밀폐된 공간에서 자주 발생하고 때로 잠긴 차 안에서도 어린이에게 많이 발생한다. 이런 환자들은 피부가 뜨겁고 건조하며 붉은색을 띠고 땀을 흘리지 않을 수 있다.
- 시원한 장소로 환자를 옮긴 후 옷을 벗기고 젖은 수건이나 담요를 덮어주고 부채질을 해주고, 가장 중요한 것은 체온을 내려주는 것이다. 그리고 병원으로 이송하여 신속히 치료받게 해야 한다.

■ 뱀에 물렸을 경우

- 손상 부위를 심장보다 낮게, 민간요법 지양, 가능한 한 빨리 도움을 요청하고 의료기관으로 이송한다.
- 우선 환자를 뱀이 없는 안전한 곳으로 옮긴다.
- 119 또는 1339의 도움을 청한다.
- 환자를 안정시키고 물린 팔 또는 다리를 심장보다 낮게 위치시킨다.
- 상처를 비누와 물로 씻는다. 비누는 독소를 불활성화시킬 수 있다.
- 물린지 15분 이내인 경우에만 다음의 처치를 할 수 있다. 물린 부위의 10cm 위쪽(심장에 가까운 쪽)을 폭 2cm 이상의 넓은 끈이나, 천으로 묶는다. 묶은 후 손가락 하나가 통과하도록 느슨하게 묶

어야 하며, 절대로 꽉 조이지 않도록 하여야 한다. 병원까지의 거리가 먼 경우(1시간 이상)에는 진공 흡입기를 이용하거나, 아니면 입으로 독을 빨아낼 수 있다. 입에 상처가 있거나, 치아가 결손난 사람은 절대 입으로 독을 빨아내서는 안 된다.

- 환자를 주의 깊게 관찰하고, 입으로 물이나 음식을 주지 않는다.
- 어지럼증을 호소하는 경우 환자를 반듯이 눕히고, 구토가 일어나면 몸을 옆으로 기울여준다.
- 상처를 칼로 절개하지 않는다. 혈관, 신경 등 구조물을 손상할 뿐 아니라, 2차 감염이나 파상풍의 위험이 더 커지게 된다. 상처에 담뱃재, 된장 등을 바르지 않는다. 상처에 얼음을 직접 대지 않는다. 냉찜질은 통증을 어느 정도 완화할 수 있으나, 독의 흡수를 지연시키는 효과는 없으며, 오히려 상처 부위의 손상을 가중할 수 있다.

■ 벌에 쏘였을 경우

- 쏘인 부위 벌침이 남아있으면 바늘이나 칼 등으로 제거, 없으면 신용카드로 긁어서 제거 후 2차 감염 방지를 위해 비누와 물로 씻는다.
- 환자를 벌이 없는 안전한 곳으로 옮기고, 119 또는 1339에 연락한다.
- 피부에 벌침이 남아있는 경우 신용카드 등으로 밀어서 제거한다. 집게 등으로 제거할 때, 침에 남은 독을 짜서 밀어 넣게 될 수 있다.
- 상처를 비누와 물로 씻고, 통증이 심한 경우 얼음을 주머니에 싸서 대 준다.
- 알레르기 반응이 나타나는 경우, 신속하게 병원으로 이송해야 한다. 구급차가 도착하기 전까지는 환자를 반듯이 눕히고 입으로 아무것도 섭취시키지 않는다.

■ 과호흡증후군 응급처치

- 가슴에 통증이 생기거나 팔다리가 꼬이는 느낌이 들며 숨이 매우 가빠지는 증상을 나타낸다.
- 증상이 발생하면, 일단 자리에서 똑바로 눕힌 후, 꽉 조이는 옷은 느슨하게 하는 등 심신의 안정을 취하도록 한다.

■ 응급처치 교육

미숙한 응급처치 방법으로는 부상자를 더욱 악화시킬 수 있다. 가까운 전문기관에서 손쉽게 응급처치 방법을 배울 수 있다. 지역 소방서, 중앙소방학교 또는 지방소방학교(서울, 부산, 광주, 경기, 충청, 경북)에서 응급처치에 관한 교육을 받을 수 있다.

출처: 국민재난안전포털

응급의학의 역사

프랑스 나폴레옹 군대의 군의관이었던 도미니크장 라레는 1797년 전쟁터의 부상자들을 치료 가능한 곳으로 빠르게 수송하기 위해 마차 형태의 "날아다니는 앰뷸런스(ambulance volante)"로 불리는 운송 수단과 체계를 도입하였으며 최초로 중증도 분류(triage)를 도입하였다. 이런 구급 체계는 이후 다른 군대들에도 점차 확산하였으며 이런 업적으로 라레는 응급의학의 아버지로 불리기도 한다.

현대 응급의학의 역사는 영국 캐나다 호주 미국 등이 응급의학을 전문 분야로서 도입하기 시작한 1960년대부터 시작한다. 50년대 후반부터 밝혀진 구조 호흡, 가슴 압박 등의 심폐소생술 원리는 60년대 들어 본격적으로 연구되었으며 전문 분야로서의 응급의학 탄생에 실마리가 되었다. 그러나 국내외를 막론하고, 전문 진료과목으로서의 응급의학이 존재하지 않던 시절의 응급의료란 전문 분야나 경력 유무에 상관없이 의료진이 돌아가며 당직 근무를 하는 것에 불과했다.

1966년 미국에서 발행된 보고서 "백서: 사고로 인한 죽음과 장애, 현대 사회의 외면당한 질병"은 당시 미국의 응급의료가 얼마나 열악한 상태에 있는지 보여주었다. 특히 외상을 입어 생명이 위중한 응급환자들이 전쟁터의 병사들보다도 못한 수준의 응급의료를 받고 있었음을 당시 벌어진 월남전을 통해 깨닫게 되었다. 이런 충격적인 인식의 확대는 전문 분야로서의 응급의학을 본격적으로 도입하는 계기가 되었고 1968년 미국 응급의학회(American College of Emergency Physicians)가 출범하기에 이른다.

한국에서도 환자들이 현장에서 제대로 된 응급조치를 받지 못하는 것은 물론, 각급 병원 응급실을 전전하고도 제대로 된 응급진료를 받지 못해 결국 사망하는 사건이 60~70년대를 거쳐 끊이지 않았다.

1979년 대한의학협회는 "야간구급환자 신고센터"를 운영하였는데 신고받으면 구급차를 출동시켜 진료 가능한 병원으로 이송하는 시스템으로 진일보한 면이 있었다. 또한 1982년에는 119 구급대가 출범하였다.

한편 80년대 들어 야간 통행금지 해제와 교통 발달로 비응급 환자까지 응급실로 몰리기 시작했고, 이후 의료보험 확대로 병원 문턱이 낮아짐과 동시에 대형병원으로의 환자 쏠림이 심해지면서 응급실의 진료 환경은 더 열악해졌다. 이에 응급의료체계의 수립과 전문적인 응급의료 도입이 필요하다는 인식이 확대되기 시작했고, 1987년 3월 영동 세브란스 병원에 한국 최초의 응급의학과가 설립되었으며 1989년에는 대한응급의학회가 창립되었다.

아시아나항공 733편 추락 사고, 삼풍백화점 붕괴 사고 등 90년대 연이은 대형 사고는 응급의료의 난맥상을 드러내면서 전문적인 응급의료와 응급의료체계의 도입이 절실함을 한국 사회에 상기시켜 주는 계기가 되었다. 이에 1994년 응급의료에 관한 법률이 제정되었으며 1995년 응급의학이 전문 진료과목으로 인정되었다. 또한 1995년부터 응급구조사가 공식적으로 배출되기 시작하였고 1996년 첫 응급의학과 전문의 시험이 치러졌으며 2000년 국립중앙의료원을 중심으로 한 응급의료기관 체계가 수립되었다.

출처: 위키백과

비상대처요령

■ 일상생활 시

○ 대피

때에 따라 집이나 인근지역으로부터 대피할 필요성이 있습니다. 지자체 공무원들이 언론매체나 직접적인 경고를 통해 대피할 시점을 알려줄 것입니다. 대피는 공공의 안전에 중대한 위험의 존재할 때 최후의 수단으로 사용됩니다.

[즉시 대피해야 하는 상황]
- 재난 요원에 의한 지시가 있을 때
- 급박한 위험에 처했을 때

[대피를 위한 준비사항]
- 떠나기 전 집을 안전하게 단속하십시오.
- 창문과 문을 닫아 잠그고, 가전제품의 코드를 빼놓으십시오.
- 튼튼한 신발, 그리고 긴 바지와 긴 소매 상의와 같이 편안하고 자신을 보호할 수 있는 옷을 입으십시오.
- 자신의 비상용백(GO BAG)을 대피 시 가져가십시오.
- 자신의 직장과 학교, 그리고 자녀 학교의 대피 계획을 숙지하십시오.

[실내 대피]

대피소로 대피하는 것이 부적절하거나 불가능한 경우에는, 자신이 있는 장소에 그대로 머물러 있도록 지시될 수도 있습니다. 실내 대피는 대기 오염과 관련된 각종 비상사태에서 자신을 보호할 수 있는 효과적인 방법입니다. 그러나 반드시 재난 요원의 지시가 있을 때만 그렇게 해야 합니다.

[실내 대피 지시를 받았을 때]
- 자신의 집이나 가장 가깝고 적절한 시설(학교, 도서관, 종교시설 등)의 내부로 들어가십시오.
- 문이나 창문이 적은 방을 대피소로 삼으십시오.
- 모든 문과 창문을 잠그십시오.
- 긴급전화가 올 수 있도록 전화를 사용하지 마십시오.
- 라디오나 텔레비전을 비상사태 정보에 맞추고 최신 정보를 입수하십시오.
- 비상용백(GO BAG)과 비상용 생필품 함을 활용하십시오.

○ 재난대피소

비상사태의 성격에 따라 집을 떠나 대피소로 이동할 필요가 있습니다. 각 지자체는 적절한 대피소를 마련해 놓고 있습니다. 대피소로 대피할 필요가 있는 경우 지역공무원이 통보해 드릴 것입니다.

[재난대피소 지침]

- 평상시 지역 내 대피소를 파악해 두십시오.
- 시군구청 재난관리부서에는 대피소 위치를 표시한 지도가 있습니다.
- 가능하면 의복과 침구류, 목욕 및 위생용품, 특수식품과 처방전 및 기타 의약품들을 소지하고 대피소로 오십시오.
- 재난대피소에 주류나 불법적인 물건은 반입할 수 없습니다.
- 애완동물은 대피소에 데려갈 수 없습니다. 단, 봉사용 동물만 입장이 허가됩니다.

○ 애완동물 재난대처법

애완동물 소유자들은 가족 재난계획에 애완동물 항목을 포함시키십시오. 애완동물은 대피소에 들어갈 수 없다는 사실을 유념하시기 바랍니다. (봉사용 동물만 허용합니다.) 따라서 대피할 경우를 대비해 애완동물을 위한 계획을 세우는 것이 중요합니다. 자신의 지역 외부에 거주하는 친구나 친척들에게 비상시 자신과 애완동물이 머물 수 있는지 알아보십시오. 또한 재난으로 인해 자신이 귀가하지 못할 경우, 애완동물을 돌봐달라고 이웃이나 친구, 가족에게 부탁하십시오. 비상사태 기간 담당 수의사나 조련사가 동물을 위한 대피소를 제공하는지 알아보십시오. 재난 기간에는 애완동물을 운반 용기에 넣어 데려가십시오. 이렇게 하면 애완동물에게 보다 안정감을 주고 안심을 시킬 수 있습니다. 자신의 애완동물이 숨는 장소를 알아두면 동물이 스트레스를 받았을 때 쉽게 찾아낼 수 있습니다. 재난 기간에 애완동물을 다른 사람에게 맡기거나 대피소로 보내는 경우 필요한 물품들을 준비하세요.

- 물, 사료와 운반 용기
- 목줄, 입마개
- 최근 접종한 모든 백신과 건강 기록
- 애완동물을 위한 약품(필요한 경우)
- 애완동물 운반 용기나 우리(화학 운반기에 바퀴를 달아서 사용할 수도 있는 것)
- 오물 수거용 비닐봉지
- 애완동물의 사진

■ 공공서비스 중단 시

○ 전화가 불통인 경우

- 유선전화 불통 시 휴대전화를 사용하거나 가능하면 친구나 이웃들로부터 휴대폰을 빌려서 전화회사에 서비스 중단을 알리십시오.

- 휴대전화 불통 시 다량의 트래픽 과부하가 발생할 수 있으므로 가급적 휴대전화 사용을 자제하여 주시기 바랍니다.

○ 가스 냄새가 나는 경우

- 절대로 담배를 피우거나 라이터나 성냥에 불을 붙이지 마십시오.

- 냄새가 아주 심한 때 전화를 사용하거나 전구를 켜거나 전자 제품을 작동시키면 안 됩니다. 조그만 불똥이 튀어도 화재가 발생할 수 있습니다.

- 창문을 열고 즉시 대피하여, 119 혹은 1544-4500(한국가스안전공사)에 연락하십시오.

○ 상하수도 관련 문제

- 땅이나 도로에서 물이 올라오는 것을 목격하거나, 상수도관 파열이 의심될 경우는 국번 없이 121로 전화해 지역 상수도사업본부에 신고하십시오.

- 상황에 대한 자세한 설명, 물이 새는 지점(도로, 지하실, 지하철 등) 문제가 발생한 정확한 장소, 자신의 이름과 주소, 전화번호를 알리세요.

- 물이 나오지 않는 등의 문제가 있는 때도 국번 없이 121로 전화해 지역 상수도사업본부에 신고하십시오.

- 가뭄 시 당국은 물 절약을 권고할 것입니다. 물 사용량을 최대한 제한하시기 바랍니다. 가뭄이 심화할 시 강제적인 가뭄 제한조치가 내려질 수 있습니다. 제한조치는 물 저장량의 고가속도를 늦출 수 있고, 심각한 물 부족의 위협을 잠재적으로 늦추거나 막을 수 있습니다.

○ 정전된 경우

- 1588-7500(한국전기안전공사)로 전화하십시오.

- 전기가 다시 들어오면 자동으로 켜지게 되어있는 가전제품들은 미리 코드를 빼거나 전원을 끄십시오. 여러 가전제품이 동시에 켜지면 전기회로에 과부하가 일어날 수 있습니다.

- 음식의 부패를 막기 위해서 냉장고와 냉동고의 문을 최대한 닫은 채로 두십시오. 문이 열릴 때마다 열기가 들어와 해동 과정이 가속화됩니다.
- 가능하면 집에 머물러 계십시오. 안전해 보이더라도 절대로 바닥에 떨어진 전선을 만지거나 가까이 가지 마십시오.
- 복구 과정에 대한 최신 정보를 얻기 위해 건전지로 작동되는 라디오를 켜놓으십시오.
- 겨울에 전력공급이 끊기거나 난방공급이 중단될 경우, 집을 최대한 단열하십시오.
- 실내에서 숯을 피우거나 방을 데울 목적으로 부엌의 가스레인지를 사용하지 마십시오. 화재 또는 해로운 연기가 발생할 수 있습니다.
- 실내에서 발전기를 사용하지 마십시오. 적절한 환기 없이 사용하면 치명적인 일산화탄소가 발생할 수 있습니다.

■ 건축물 붕괴 시
○ 건축물 붕괴 징조를 느낄 때
- 다음과 같은 건축물 붕괴 징조를 느낄 때는 건물 밖으로 즉시 대피하고, 119, 112, 가까운 주민 센터에 신고하며, 주변 사람들에게 알립니다.
  ㅇ 건물바닥이 갈라지거나 함몰되는 현상이 발생하는 때
  ㅇ 갑자기 창이나 문이 뒤틀리고 여닫기가 곤란한 때
  ㅇ 철거 중인 구조물에 화재가 발생하거나 화염에 철강재가 노출된 때
  ㅇ 바닥의 기둥 부위가 솟거나 중앙부위에 처짐 현상이 발생하는 때
  ㅇ 기둥이 휘거나 대리석 등 마감재가 부분적으로 떨어져 나가는 때
  ㅇ 기둥 주변에 거미줄 형 균열이나 바닥 슬래브의 급격한 처짐 현상이 발생한 때
  ㅇ 계속되는 지반침하와 석축·옹벽에 균열이나 배부름 현상이 나타나는 때
  ㅇ 벽이나 바닥의 균열 소리가 얼음이 깨지는 듯이 나는 때
- 건축물 붕괴 징후(대규모 홍수 및 지진 발생 시)가 발생할 경우, 지자체-정부에서 경고 방송과 재난 방송을 하므로 TV, 라디오, 인터넷 등을 통해 재난 상황을 지속해서 주의 깊게 확인합니다.
- 붕괴에 대비하여 가스를 잠그고 전기제품의 전원을 끄고, 집 주변에 있는 물건을 치우거나 고정하며, 중요한 물건은 안전한 곳으로 옮깁니다.

- 지역재난안전대책본부, 경찰서, 소방서 등 주요 기관들의 전화번호를 확인하고 온 가족이 알 수 있는 곳에 두고, 지역 주민(마을 대표 등) 간의 비상 연락망을 유지합니다.

○ 건축물 붕괴사고 발생 시
- 건축물 붕괴가 발생 시 지역재난안전대책본부의 통제에 따라 지정된 장소로 즉시 대피합니다.
※ 어린이·노인·장애인 등 안전 취약계층이 우선 피난할 수 있도록 협력합니다.
- 대피장소로 이동할 시간적 여유가 없을 때는 주변의 안전지대로 비상 대피하고 지역재난안전대책본부 또는 소방서, 경찰서 등에 구조를 요청합니다.
- 대피장소 등 안전한 곳에 도달한 이후에는 별도 안내가 있을 때까지 무단 이동하지 않고 대기하며, 가족들과 연락이 되지 않을 때는 재난안전대책본부 등을 통해 확인합니다.
- 대규모 지진으로 인한 건축물 붕괴 시에는, 추가 여진 등으로 인한 2차 피해가 발생할 수 있으므로, 건물이나 제방 인근으로 접근하지 않도록 합니다.
- 폭우 또는 폭설 등 재해가 지속할 때는 신속한 피해복구 및 물자지원이 어려울 수 있으므로, 확보한 물자는 아껴서 사용합니다.

○ 붕괴한 건축물 내부에 있을 때
- 건축물이 붕괴한 때 당황하지 말고 주변을 살펴서 대피로를 찾으세요.
- 엘리베이터 홀, 계단실 등과 같이 견디는 힘이 강한 벽체가 있는 안전한 곳으로 임시 대피합시다.
- 부상자는 가능하면 빨리 안전한 장소로 함께 탈출 후 응급처치를 합니다.
- 평소에 완강기, 밧줄(로프), 손전등 등 탈출에 필요한 물품이 있는 곳을 확인해 둡시다.
- 붕괴사고 발생 때 건물 밖으로 탈출 가능한 통로를 찾고, 주위 사람들과 협력하여 완강기, 밧줄 등을 이용하여 노약자, 어린이, 여성 등을 우선하여 탈출하도록 합시다.
- 대피 중 위급상황에 대비해 건축물에 대해 잘 아는 건강한 성인을 선두로 이동해야 하며, 낙하물에 대비해 방석 등으로 머리를 보호하면서 신속하고 질서 있게 대피합시다.
- 이동 중에는 장애물 등을 움직이지 않도록 하고, 불가피하게 제거할 때 추가 붕괴위험에 대비합시다.
- 유리 파편이나 낙하물에 대비하여 코트, 담요, 신문, 상자(박스) 등으로 머리와 얼굴을 보호합시다.
- 붕괴 때문에 고립이 장기화할 경우를 고려하여, 냉장고 등에서 음식과 물을 찾아 먹되 가능한 한 오래 버틸 수 있도록 음식물의 소비를 조절해야 합니다.

- 잔해 때문에 꼼짝 못 하게 되었을 때 혈액순환이 잘되도록 수시로 손가락과 발가락을 움직여야 합니다.
- 사랑하는 가족을 생각하면서 생존을 위해 계속 탐색하면 기운을 차리게 되고 사기를 유지할 수 있습니다.
- 구조대의 호출이 들리면 침착하게 반응하고, 체력이 완전히 소진할 수 있으므로 불필요하게 고함을 지르지 맙시다.
- 주위에 사람이 있다고 확신할 때는 손전등을 비추거나, 큰 소리로 부르거나, 파이프 등을 두드려 구조대의 주의를 끌어야 합니다.
- 불필요하게 체력을 소모하지 말고 될 수 있으면 편안한 자세를 유지하면서 구조를 요청합시다. 방법은, 파이프 등을 규칙적으로 두드리거나 소리를 지르거나 휴대전화로 119에 신고합니다.
-휴대전화는 불통 구역이라도 전원을 켜두되, 축전지(배터리) 절약을 위해 전원은 일정 주기로 꺼주세요.
- 공기 공급이 잘되는 창문이나 선반이 없는 벽 쪽이나 낙하물로부터 보호받을 수 있는 튼튼한 테이블 밑에서 자세를 낮추고 구조를 기다립니다.
- 안전지대에 있는 경우는 그곳에 머무르고, 부서진 계단이나 정전으로 가동이 중단될 수 있는 엘리베이터는 이용하지 맙시다.
- 가스누출 위험이 있는 경우에는 폭발의 위험이 있으므로 성냥, 난로(스토브) 등을 켜지 말아야 하며 손전등을 사용합니다.

○ 붕괴한 건축물 외부에 있을 때
- 건물 밖으로 나오면 추가붕괴와 가스폭발 등의 위험이 없는 안전한 지역으로 대피합시다.
- 붕괴건물 밖에 있는 주민들은 추가붕괴, 가스폭발, 화재 등의 위험이 있으니 피해가 없도록 사고 현장에 접근하지 맙시다.
- 붕괴지역 주변을 보행할 때나 이동 때에는 위험지역 또는 불안정한 물체에서 멀리 떨어지고, 유리 파편 등에 다치지 않도록 가방, 방석, 책 등으로 머리를 보호합시다.

○ 붕괴한 건축물에 매몰된 때
- 불필요한 활동이나 고함으로 체력을 소모하지 않는다.

- 입과 코를 옷이나 천으로 가려서 먼지 흡입을 최소화한다.

- 규칙적으로 벽·파이프 등을 두드린다.

- 휴대전화의 전파는 매몰자 탐색에 도움이 될 수 있기에 전원은 규칙적으로 일정 시간만 켜서 배터리를 절약한다.

- 구조될 수 있다는 희망을 품고 물과 음식을 찾아 먹으면서 체온 유지에 힘쓴다.

- 2차 붕괴나 낙하물에 대비하여 단단한 테이블 밑이나 창문이 없는 단단한 벽체 옆에서 기다린다.

○ 건축물 붕괴사고 신고

- 건축물이 붕괴했다는 것을 주변에 신속하게 알린다.

- 경보기, 육성 또는 기타의 방법으로 주위 사람에게 알려 긴급 피난하게 하여야 한다.

- 전화로 119에 신고하여 신속히 소방차가 출동하게 하여야 한다.

  (예) "여기는 00구 00동 000로 000건물이 붕괴되었습니다."(정확하고 침착하게)

- 신고자의 전화번호를 알려주는 등 가능하면 구체적으로 설명

출처: 국민재난안전포털

심폐소생술 (CPR)

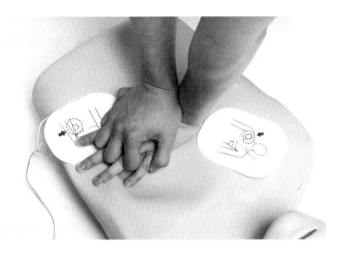

　심폐소생술(心肺蘇生術, 영어: cardio-pulmonary resuscitation, CPR)은 심장의 기능이 정지하거나 호흡이 멈추었을 때 사용하는 응급처치이다. 심장마비의 경우 신속히 조치하지 않으면 사망하거나 심각한 뇌 손상을 입을 수 있으므로, 환자를 발견한 목격자가 신속히 심폐소생술을 실시하는 것이 필요하다. 이에 따라 각국에서는 일반인들을 대상으로 심폐소생술을 교육하고 있으며, 필요한 행동 수칙들을 정리하여 배포하고 있다.

　심정지는 대개 갑작스럽게 일어나며 환자 스스로 구조요청을 할 수가 없다. 또한 심정지 발생으로부터 4~5분이 지나면 뇌 손상이 시작되기 때문에 목격자의 신속한 응급처치가 필수적이다. 통상 제세동이 1분 지연될 때마다 생존율이 7-10% 감소하지만, 심폐소생술을 실시할 시 1분당 2.5~5% 감소한다. 또한 목격자가 심폐소생술을 실시했을 때 생존율이 실시하지 않았을 때 생존율의 2~3배에 이른다.

◆ 성인심폐소생술

1. 대상자의 상태(호흡, 맥박, 의식 등)를 살핀다.

2. 응급 대응 체계를 활성화한다. (응급의료기관에 신고 등)

3. 자동 제세동기(AED)가 근처에 있으면 즉시 사용하고, 근처에 없다면 대상자의 고개를 뒤로 젖혀

기도를 확보한 후 흉부 압박을 시작한다.

4. 제세동기를 가져올 때까지 흉부 압박을 지속한다.

5. 제세동기를 사용한 후 즉시 흉부 압박을 재시행한다. 제세동기는 2분마다 주기적으로 반복하여 작동시킨다. 제세동기가 없으면 흉부 압박을 지속한다.

6. 구급대원 혹은 의료진이 도착할 때까지 5번을 반복 시행한다.

◆ 영아, 소아심폐소생술

영아, 소아(0세~8세)의 심폐소생술 순서는 다음과 같다. 단, 체격에 따른 구분이며, 8세 아동이라 하여도 체격이 큰 경우 성인심폐소생술과 같은 방법으로 실시한다.

1. 응급의료기관에 신고한다.

2. 환아의 의식을 확인한다.

3. 자동 제세동기(AED)가 근처에 있으면 즉시 사용하되, 소아용 전극이 없는 경우 사용하지 않는다. 7번을 실시한다. 근처에 없다면 바로 가슴 압박을 시행한다.

4. 심폐소생술을 교육받지 않았을 경우 제세동기를 가져올 때까지 가슴 압박을 계속한다. 교육받았다면 가슴 압박 30회 실시 후 대상자의 고개를 뒤로 젖혀 기도를 유지한다. 단, 영아는 고개를 젖히지 않는다.

5. 대상자의 코를 막고 입을 통해 인공호흡을 2회 실시한다. 영아의 경우 코를 막지 않고 시술자의 입으로 환아의 코와 입을 모두 덮어 숨을 불어넣는다.

6. 5번을 제세동기를 가져올 때까지 계속한다.

7. 제세동기를 사용한 후 즉시 4, 5, 6번을 실시한다. 제세동기는 2분마다 계속해서 작동시킨다.

◆ 호흡 확인

심정지로 의심되는 대상자가 있으면 먼저 주변이 안전한지 확인한 후 환자에게 다가가 상태를 확인한다. 먼저 어깨를 두드리면서 말을 걸어서 반응이 있는지 확인한다. 몸을 흔들면 목뼈가 부러질 수 있어서 위험하다. 만약 반응이 없다면 대상자의 호흡을 확인한다. 만약 사전에 심폐소생술 교육을 받지못했다면 응급의료기관에 신고하여 지시에 따라 호흡을 확인한다. 만약 대상자가 호흡이 없거나 헐떡

거리는 등 비정상적인 호흡을 보이면 심정지 상태로 보고 즉시 응급 대응 체계를 활성화한다.

◆ 응급 대응 체계 활성화

대상자가 심정지 상태임을 인지하면 응급의료체계(예: 119)에 신고한다. 이때 상담원에게 환자 발생 장소와 상황, 환자의 숫자와 상태, 필요한 도움 등을 대답할 수 있어야 한다. 또한 교육을 받지 못했다면 상담원의 지시에 따를 준비를 해야 하며, 따로 지시가 있을 때까지 전화를 끊지 말아야 한다. 만약 다른 사람이 있다면 한 명이 즉시 가슴을 압박하는 동안 다른 사람이 응급의료체계에 신고해야 한다. 근처에 자동 제세동기가 있으면 가능한 한 먼저 가져와서 사용해야 하며, 만약 다른 사람이 있다면 역시 한 명은 바로 가슴을 압박하고 다른 사람은 신고를 마친 후 즉시 자동 제세동기를 가져와서 사용해야 한다.

◆ 흉부 압박

먼저 가능하면 환자를 단단한 바닥에 눕혀야 한다. 성인심폐소생술의 경우 한쪽 손을 손바닥 아래쪽 부분을 이용해 환자 가슴의 정중앙, 정확히는 흉골 아래쪽 절반에 두고, 반대편 손을 평행하게 위에 올린다. 소아심폐소생술의 경우 주로 사용하는 한 손의 손바닥 아랫부분을 환아 가슴의 정중앙에 둔다. 영아심폐소생술의 경우 주로 사용하는 한 손의 두 손가락(검지와 중지, 또는 중지와 약지)를 환아 가슴의 정 중앙에 둔다. 가슴을 압박할 때는 약 5cm 정도 들어가도록 힘을 주고, 힘을 주는 사이사이마다 확실하게 본래 위치까지 되돌아오도록 힘을 빼야 한다. 아예 손바닥이 가슴에서 살짝 들릴 정도로 확실하게 되올리는 것이 도움이 된다. 적어도 분당 100회~120회 정도의 속도로 압박을 가해야 하며, 할 수 있는 한 지속해서 가슴 압박을 멈추지 말고 계속해야 한다. 따라서 맥박 확인이나 인공호흡 등의 시간은 10초 이내로 하고 계속해서 가슴을 압박해야 한다. 또한 심폐소생술을 혼자서 지속해서 하는 경우 빠르게 가슴 압박의 깊이가 얕아지고 속도가 줄기 때문에, 되도록 2명 이상이 2분씩 교대로 압박을 시행하는 것이 좋다. 물론 교대 중에 가슴 압박이 멈추는 시간 5초 이내로 해야 한다.

만일 교육을 받지 못했다면 다음 단계인 기도 유지 및 인공호흡을 실시하는 것보다는 계속해서 가슴 압박을 하는 것이 낫다. 가슴 압박 소생술(hands-only CPR)이라는 이름이 붙여진 이 방법은 심정지 초기에는 기존의 방법과 거의 같은 효과를 낼 수 있고, 몇몇 경우에는 가슴압박 소생술이 기존의 방법보다 더 생존율이 높은 예도 있다. 다만 질식성 심정지를 포함한 몇몇 경우의 심정지에서는 인공호흡이 필수적이므로 가능하면 숙련된 인원은 심폐소생술 시행 시 인공호흡을 같이 실시하는 것이 좋다.

◆ 기도 유지

심폐소생술을 교육받았고 인공호흡을 할 자신이 있다면 먼저 기도 유지를 해야 한다. 한쪽 손으로 환자의 이마를 누르면서 다른 손으로 턱 끝을 들어 올려 머리가 뒤로 젖혀지도록 해야 한다. 단, 경추 손상이 의심되는 경우 이마를 누르지 말고 턱만 들어 올리는 하악거상법을 사용한다. 영아의 경우 턱 끝을 들어 올리는 것은 기도를 오히려 막게 되므로, 환아의 머리를 보통 때의 상태로 유지하여야 한다.

◆ 인공호흡

환자의 심정지가 음독, 전염병으로 인한 것이거나 명확한 원인을 알 수 없는 경우 접촉에 의한 전염이나 중독을 방지하기 위해 심폐소생술을 교육받은 경우에도 인공호흡은 실시하지 않는다. 심정지의 원인이 음독, 전염병이 아니거나 환자와 접촉하더라도 구조자의 안전에 문제가 없는 것을 확인한 이후 인공호흡을 실시한다. 기도 유지 상태에서 코를 손으로 막고 입을 환자의 입과 밀착시켜 공기가 새지 않도록 한다. 숨을 불어넣을 때는 깊게 불어넣지 말고 평소 숨 쉴 때처럼 불어넣고, 불어넣은 공기로 인해 환자의 가슴이 부풀어 오르는 것이 보일 정도로 불어넣는다. 불어넣는 시간은 1초 정도로 한다. 이러한 인공호흡을 2회 실시한다. 환자의 가슴이 부풀지 않았다 하여도 인공호흡은 2회를 초과하지 않는다.

출처: 위키백과

세계 응급처치의 날 (World First Aid Day)

응급처치의 날(World First Aid Day)은 국제적십자연맹(IFRC)이 2000년부터 9월 둘째 주 토요일에 인도주의적 행위인 응급처치를 기념해 만든 날로 더 많은 사람에게 응급처치를 보급하기 위해 제정했다. 매년 이 날을 통해 남녀노소 나이를 불문하고 모두가 올바른 응급처치법으로 생명을 구할 수 있는 역량을 갖출 수 있도록 전 세계 적십자들과 대한적십자사는 응급처치 캠페인을 진행하고 있다. 심정지 환자에게 심폐소생술을 시행하면 생존율이 약 2배 이상 상승한다. 질병관리청 급성심정지조사 자료(2012-2019)에 따르면 심정지 환자를 목격한 주위 사람이 심폐소생술을 시행했을 때, 시행하지 않은 환자보다 생존율이 6.2%에서 15.0%로 2.4배 높아졌다. 뇌 기능 회복률도 심폐소생술을 시행하지 않았을 때(3.1%)보다 시행한 때(10.8%) 3.5배 높은 회복률을 보였다. 세계 응급처치의 날을 맞아, 주위에서 흔히 겪을 수 있는 상황별 응급처치법을 알아본다.

열나는 우리 아이

10세 미만 소아가 응급실을 오는 가장 흔한 원인은 '열' 때문이다. 감기나 중이염, 장염 등 열이 나는 이유는 다양하다. 아이가 갑자기 고열이 나면 보호자는 당황한다. 이럴 때 먼저 아이 컨디션을 확인한다. 열이 나지만 아이가 평소처럼 잘 놀고 잘 먹는다면, 일단 수분 섭취를 충분히 하고 해열제를 복용한다. 열이 난다고 옷을 다 벗기지 말고, 반대로 오한이 있다고 두꺼운 옷을 입히면 안 된다. 가볍게 입혀 둔 상태로 상태변화를 살피는 것이 좋다.

칼에 베여서 떨어진 살점

커터칼이나 식칼을 사용하면서 손가락 끝 살점이 떨어져 나가는 경우가 있다. 떨어져 나간 살점은 피부에 다시 이식을 할 수도 있지만, 그렇지 못할 때도 있다. 가능하면 보관해 병원으로 가져와 의사의 판단을 듣는 것이 바람직하다.

이물질 삼켰을 때

이물질을 삼킬 때가 간혹 있다. 성인보다 사물에 호기심이 많은 소아에서 많이 발생한다. 특히 6개월에서 6세 사이 소아가 가장 흔히 이물을 삼켜 응급실 진료를 받는다. 이물을 삼킨 경우, 80~90%는 대변을 통해 배출된다. 하지만 10~20%는 위 식도 내시경 등 치료적 시술을 필요하고, 1%는 수술해야 한다.

◆ 코로나19 백신 부작용, '이럴 때' 병원 진료 필요

코로나19 백신 접종자가 늘면서 접종 후 부작용도 늘고 있다. 예방접종 후 흔히 접종 부위 통증이나 부기, 발적 등이 나타날 수 있다. 전신반응으로 발열, 피로감, 두통, 근육통, 메스꺼움이나 구토 등을 호소하는 사람도 있다. 증상은 정상적인 면역 형성과정에서 나타날 수 있는 것으로 별다른 조치 없이 대부분 3일 이내에 사라진다. 질병관리청 통계에 따르면 전체 예방접종 건 대비 이상 반응 신고율은 0.41%(총 171,159건, 2021.8.28. 기준). 근육통, 두통 등 일상적인 이상 반응 사례가 95.6%(163,578건)로 가장 많았다. 사망이나 아나필락시스 의심 등 중대한 이상 반응 사례는 4.4%(7,581건)으로 조사됐다.

이럴 때는 병원이나 응급실을 방문해 진료를 받아야 한다.

- 접종 부위의 부기, 통증, 발적이 48시간 지나도 호전되지 않는 때
- 접종 후 4주 이내 호흡곤란, 흉통, 지속적인 복통, 다리 부기와 같은 증상이 나타날 때
- 접종 후 심한 두통이나 2일 이상 지속적인 두통이 발생해 진통제에 반응하지 않거나 조절되지 않을 때
- 시야가 흐려질 때
- 접종 후 갑자기 기운이 떨어지거나 평소와 다른 이상 증상이 나타날 때
- 접종 후 접종 부위가 아닌 곳에서 멍이나 출혈이 생길 때, 의사의 진료가 필요하다.

아이들을 지켜주세요.

■ 추락 사고 예방은 이렇게 하세요.

의자, 침대 등 가구들을 창문 가까이에 두지 마세요. 가구를 딛고 올라가 창문에서 추락할 수 있기 때문이에요. 창문이 30cm만 열려 있어도 그 사이로 추락할 수 있으니 주의하세요. 가정 내 모든 창문에 낙상 방지용 난간을 설치하는 것이 좋아요. 방충망은 어린이 낙상을 예방해 주지 못해요. 발코니, 난간, 계단 등에서 놀도록 두지 마세요. 잠깐 방심한 사이에 떨어질 수 있거든요. 세탁기 주변에 발판이 될 만한 것을 놓으면 아이가 빠질 수 있으므로 치우고 뚜껑을 열지 못하게 잠금장치를 해 두세요. 보행기를 태울 때는 문턱에 걸려 넘어지거나 계단으로 굴러떨어지지 않도록 안전한 곳에서 태우세요. 보행기는 아이의 낙상사고를 유발하기 쉽기에 일부 선진국에서는 사용을 금지하고 있어요.

■ 미끄러짐이나 충돌사고 예방은 이렇게 하세요.

미끄러운 물건이나 과일 껍질, 바퀴 달린 장난감, 물 등으로 미끄러지지 않도록 바닥을 치워두세요. 가능하면 전선을 길게 연결해 사용하지 않고 벽 쪽으로 지나가게 해서 발에 걸리지 않도록 조절해 주세요. 모서리가 둥글지 않은 가구에는 모서리 보호덮개를 붙여 주세요. 아이들의 손이나 발이 끼기 쉬운 문틈에는 손 끼임 방지 장치를 설치해야 해요. 욕실이나 화장실 바닥에는 미끄럼 방지 타일을 사용하거나 미끄럼 방지스티커를 붙여 주세요.

■ 중독 및 삼킴사고 예방은 이렇게 하세요.

가정용 화학제품(세제, 살충제, 접착제, 화장품 등)이나 의약품은 아이의 손이 닿지 않는 곳에 보관해야 해요. 어린이들은 무엇이든지 입으로 먼저 넣기 때문에 아이가 삼킬 수 있는 물건들은 최대한 아이의 손이 닿지 않는 곳으로 옮겨야 사고를 예방할 수 있습니다. 사용한 화학제품이나 의약품 등은 반드시 용기를 완전히 닫아 두세요. 독성이 있는 가정 내 물질들은 원래의 용기에 보관하고 아이가 무심코

먹을 만한 용도의 용기(예시 : 음료수병)에는 절대로 옮겨두지 마세요. 약을 쉽게 먹이기 위해 "맛있는 거야"라며 먹이지 마세요. 아이가 혼자 있을 때 약을 '맛있는 것'이라고 생각하고 먹을 수 있거든요. 아이는 반드시 부모님이 주신 약만 먹어야 한다고 알려줘야 해요. 어린이 보호 포장 용기에 들어있는 제품을 사용하세요.

■ 화상 사고 예방은 이렇게 하세요.

뜨거운 음식이나 물을 아이에게 떨어뜨리지 않도록 아이를 안을 때는 뜨거운 것을 내려놓으세요. 아이들이 화상을 입으면 신체적으로 큰 고통을 겪게 될 뿐만 아니라 심리적으로도 위축되는 등 마음에 상처도 함께 입게 되니 항상 주의해야 해요. 아이가 뜨거운 음식을 자신에게 잡아당겨서 화상을 입지 않도록 뜨거운 음식이나 음료는 항상 아이의 손에 닿지 않게 보관하세요. 가스레인지에서 음식을 요리하는 동안에는 요리 도구의 손잡이를 안쪽으로 향하도록 놓으세요. 이때 손잡이가 다른 버너에 닿지 않도록 주의하고 손잡이가 돌거나 흔들리지 않는지 확인하는 것이 필요해요. 아이가 글을 읽을 줄 알아서 전자레인지를 이용한 요리 방법과 시간에 대해 완벽히 이해할 때까지는 전자레인지를 사용하지 못하도록 해야 해요. 전자레인지를 사용할 수 있는 나이가 되면 아이와 함께 사용설명서를 다시 읽어 보고 사용수칙을 꼭 지키도록 하면서 아이가 올바르게 사용하는지를 지켜보세요.

■ 감전 사고 예방은 이렇게 하세요.

아이들은 전기 콘센트 구멍에 젓가락과 같은 뾰족한 것으로 찔러 감전될 수 있으므로 항상 주의해야 해요. 습기나 물기가 있는 곳은 감전의 위험이 크기에 세탁실, 주방, 목욕탕 등에서는 전기제품을 만지거나 사용하지 않도록 하세요. 전기제품을 사용한 후에는 반드시 스위치를 끄고 콘센트에서 플러그를 뽑으세요. 전선을 잡고 당기면 플러그 연결선이 끊어질 우려가 있으니 코드를 뺄 때는 플러그 몸체를 잡고 빼도록 하세요.

■ 익사 사고 예방은 이렇게 하세요.

아이를 혼자 욕조에 두거나 목욕물이 너무 많은 경우 익사할 위험성이 있으니 절대 아이를 혼자 두지 마세요. 또한 목욕물은 아이 몸의 절반 이하로 받아 사고가 일어나지 않도록 하는 노력이 필요합니다.

출처: 세이프키즈코리아

응급구조 관련 도서와 영화

관련 도서

응급처치 마스터 (보건교사회 저/ 대한의학서적)

학교 보건실에서 수년에서 수십 년 동안 학생 안전과 건강을 지켜온 보건교사들의 다양한 현장 사례와 경험, 의료 지식을 집대성한 결실이다. 또한 권위 있는 응급의료 전문의들의 자문과 검토를 거쳐 신뢰를 더 하였다. 보건교사 여러분들의 수많은 노력과 고민을 덜어주는 데 유용하게 쓰일 것이다. 또한 보건교사들의 학교 내 응급처치의 표석으로 자리 잡음과 동시에 학교 응급처치의 표준을 제시하고 있다.

만약은 없다 (남궁인 저/ 문학동네)

응급의학과 의사가 응급실에서 마주했던 죽음과 삶의 기록.

수만 명의 환자와 수천 명의 자살자와 수백 구의 시신을 만나는 일이 일상인 이곳 응급실. 그리고 여기, 한때 죽으려고 했으나 곧 죽음에 맞서 제 손으로 죽음을 받아내기도 놓치기도 해봐야겠다는 생각에 응급의학과를 평생의 길로 선택한 한 의사가 있다. 『만약은 없다』라는 응급의학과 의사 남궁인이 마주했던 죽음과 삶, 그 경계의 기록을 담은 책이다.

책은 두 부분으로 구성되어 있다. 1부는 죽음에 관해, 그리고 2부는 삶에 관해 쓰인 글들이다. 마치 두 권의 책을 읽듯 결을 달리하는 1부와 2부는 죽음을 마주하는 고통과 삶의 유머를 넘나든다. 마지막 순간 그의 손을 잡고 생의 길로 돌아왔거나 죽음의 경계를 넘어간 사람들, 그리고 의사로서 마주한 다양한 삶의 아이러니와 유머가 책 속에 고스란히 담겨 있다

생명의 미학 (박상철 저/ 생각의나무)

세계적 생화학자 박상철 교수가 말하는 생명의 의미, 가치 그리고 아름다움

생명은 아름답다. 책의 저자 박상철 교수의 말을 빌리자면 '처절하게' 아름답다. 생명이 아름다운 까닭은 자연의 질서에 순종하기 때문이다. 생명의 질서에 대한 위치, 순서, 기능의 복종은 삶을 영위하는 데 중요한 원칙이다. 생체분자들은 이러한 생명의 법칙에 순응하여 헛된 욕심 없이 자기 분수를 지킴으로써 생명이라는 전체적 목적을 달성하는 데 이바지하는 모습을 보여 준다. 자연의 질서, 생명의 질서를 바탕으로 생명현상의 아름다움과 올바른 세상, 바이오토피아의 바람직한 방향을 그려보는 게 이 책이 지향하는 바다.

책은 크게 세 부분으로 구성된다. 생명의 논리라고 할 수 있는 제어와 조화가 그 한 부분이다. 두 번째 장에서 저자는 생로병사의 메커니즘에 대해 다룬다. 여기에는 뇌과학에 관한 얘기도 포함되어 있다. 마지막으로 저자는 바이오토피아라는, 미래사회의 패러다임을 그려보고 있다. 결코 단순하지도 그렇다고 난해하지도 않은 논의 끝에 저자는 생명보다 더 아름다운 것은 없다고 결론 맺고 있다.

안전 의식 혁명 (하가 시게루 저/ 인재NO)

하가 교수는 "안전 대책이 어떠한 성과를 올릴 것인지 또는 올리지 못할 것인지를 결정하는 것은, 그 안전 대책으로 인해 인간의 행동이 어떻게 변화하는지에 달려 있다. 이것은 공학의 문제가 아니라 심리학의 문제인 것이다"라고 자신의 주장을 요약했다.

인간의 심리를 생각하지 않는 안전 대책이나 안전 시책으로는 사고 리스크를 줄일 수 없다는 사실을 이 책에서 심리학적으로 설명했다. 그리고 어떻게 하면 안전·안심이 실현되는지, 우리가 해야 할 행동은 무엇인지에 대해 현대 사회에 존재하는 여러 가지 리스크를 예로 들어 설명했다.

생명윤리 이야기 (권복규 저/ 책세상)

과학 기술의 발전은 우리를 더 풍요롭고 편안한 세상에 살도록 만들어 주었지만, 그와 동시에 어두운 그림자가 뒤따르기도 한다. 특히 의학과 생명 과학은 우리 몸과 우리 자신의 존재에 깊이 관련되어 있어서 오히려 건강하고 행복한 삶을 파괴하는 악으로 돌변할 수도 있다. 이 책은 현대 생명 과학이 만들어낸 풍경을 살펴보고 과학과 기술이 진정 인간을 위해 사용되는 데 필요한 생명윤리와 우리가 인간으로 잘살아가기 위한 길을 모색하고자 한다.

생존의 한계 (케빈 퐁 저/ 어크로스)

뉴욕 타임스, 가디언, 월스트리트 저널이 극찬한 아마존 과학 베스트셀러. 저자 자신의 체험과 극한 상황의 생존에 관한 연구를 집대성한 '생존의 한계에 관한 모든 것'이다. 극단의 온도·산소가 희박한 공간·무중력 상태와 같은 극한 환경의 생리 반응에서부터, 화상·치명적 외상·전염병 같은 질병에 맞선 현대 의학의 사투, 나아가 저체온 요법·인공 중력 장치와 같은 최첨단 기법에 이르기까지 생소하지만 흥미진진한 이야기들로 가득하다.

유명 다큐멘터리 진행자답게 케빈 퐁 박사의 글은 생생하고 긴박감이 넘쳐, 읽다 보면 메디컬 드라마를 보고 있는 듯 느껴진다. 타고 있던 헬기가 추락해 깊은 물 속에 빠진 저자의 위기 상황, 런던 한복판의 폭탄 테러 현장에서 생명을 살리려는 의료진들의 분투, 사상 초유의 전체 얼굴 이식 수술 등 극적인 사례들은 한순간도 긴장을 늦출 수 없게 한다. 더불어 다양한 최신 인체 과학 상식들을 쉽고 재미있게 설명하는 것도 책의 장점이다.

심폐소생술, 죽는 사람도 살린다 (최병일 저/ 물푸레)

심폐소생술이란 심장마비나 교통사고, 익사 사고 등을 당한 사람에게 뇌사가 되기 전인 '황금의 10분' 안에 인공호흡과 심장마사지를 병행 시행하여 최소한의 호흡과 혈액 순환을 유지해 주는 응급 처치법을 말한다. 심폐소생술은 특별한 기술이나 훈련 없이 간단하게 익힐 수 있는 응급처치법으로 갑자기 닥친 위급한 상황에서 귀중한 생명을 살릴 수 있다. 이 책은 '왜 심폐소생술인가?', '소중하게 지켜야 할 심장', '돌연사는 결코 돌연히 일어나지 않는다' 등 전체 7장으로 구성되어 있으며 심폐소생술의 중요성과 더불어 심폐소생술이 필요한 돌연사, 돌연사의 가장 큰 원인인 심장병에 대해서 그 원인과 예방, 치료 등에 대해서 일반인들이 이해하기 쉽게 대화 형식으로 설명되어 있다.

관련 영화

더 퀘이크:오슬로 대지진 (2018년/ 108분)

시속 600km 거대 쓰나미가 도시를 휩쓸고 간 3년 후, 사상 최악의 지진이 돌아왔다!

가족과 떨어져 혼자 생활하는 지질학자 크리스티안은 사상 최악의 지진이 오슬로를 덮칠 것을 예측한다. 하지만 누구도 그의 말을 믿어주지 않고 심상치 않은 그의 예감은 결국 적중하게 된다. 발밑의 모든 것이 뒤집히기 시작하고 그의 가족도 고층 빌딩 속 대지진 앞에서 위험에 빠지게 된다. 다가온 대재난 속, 그는 가족을 구하기 위해 지진의 한가운데로 들어서게 되는데...

해운대 (2009년/ 120분)

　2004년 역사상 유례없는 최대의 사상자를 내며 전 세계에 엄청난 충격을 안겨준 인도네시아 쓰나미. 당시 인도양에 원양어선을 타고 나갔던 해운대 토박이 만식은 예기치 못한 쓰나미에 휩쓸리게 되고, 단 한 순간의 실수로 그가 믿고 의지했던 연희 아버지를 잃고 만다. 이 사고 때문에 그는 연희를 좋아하면서도 자신의 마음을 숨길 수밖에 없다. 그러던 어느 날, 만식은 오랫동안 가슴 속에 담아두었던 자신의 마음을 전하기로 결심하고 연희를 위해 멋진 프러포즈를 준비한다. 만식의 동생이자 해운대 해양구조대원인 형식은 해양 순찰을 하던 중 바다 한가운데에 빠져 허우적대던 희미를 발견하고 우여곡절 끝에 그녀를 구출한다. 자신을 구해준 순수 청년 형식에게 첫눈에 반한 희미. 그녀는 형식을 향해 저돌적인 애정 공세를 펼치고, 형식 역시 그런 그녀가 싫지만은 않다.

　국제해양연구소의 지질학자 김휘는 해운대 일대 지각의 움직임이 심상치 않음을 감지해 해운대를 찾는다. 그는 그곳에서 7년 전 이혼한 아내 유진과 딸 지민을 우연히 만나지만 지민이 자신의 존재를 모른다는 사실에 복잡한 감정을 느낀다. 일에 성공한 커리어우먼 유진은 바쁜 일로 인해 어린 지민을 혼자 두기 일쑤다. 한편, 그 순간에도 바다의 상황은 시시각각 변해가고 마침내 김휘의 예상대로 일본 대마도가 내려앉으면서 초대형 쓰나미가 생성된다. 한여름 더위를 식히고 있는 수백만의 휴가철 인파와 평화로운 일상을 보내고 있는 부산 시민들, 그리고 저마다의 사연을 가진 이들에게 초대형 쓰나미가 시속 800km의 빠른 속도로 밀려오는데…

반창꼬 (2012년/ 120분)

매일 목숨을 내놓고 사건 현장에 뛰어들지만 정작 자기 아내를 구하지 못한 상처를 간직한 소방관 '강일'. 매번 제멋대로 말하고 거침없이 행동하며 상처도 사랑도 없는 척하지만 단 한 번의 실수로 위기에 처한 의사 '미수'. 우연한 기회에 '미수'가 '119 구조대 의용대원'으로 일하게 되면서 같은 구조대에 있는 '강일'에게 처음으로 마음을 열고 적극적으로 다가간다. 모든 방법을 동원해 '강일'에게 애정 공세를 펼치는 '미수'. 그리고 그런 그녀에게 까칠함으로 일관하던 강일 역시 조금씩 마음을 열기 시작한다.

가스 폭발 사고는 물론 차량 충돌 사고까지 쉴 틈 없이 이어지는 아찔한 사고 현장 속에서 생명을 구하고 기분 좋게 하루를 마무리하며, 또 다른 내일을 준비하는 소방대원들. 생사가 오가는 치열한 현장에서 다른 이들의 생명은 구하며 살지만 정작 자신의 상처는 돌보지 못하는 '강일'과 '미수'. 과연 그들은 서로의 상처에 '반창꼬'를 붙여 줄 수 있을까?

더임파서블 (2013년/ 113분)

'마리아'와 '헨리'는 크리스마스 휴일을 맞아, 세 아들과 함께 태국으로 여행을 떠난다.

아름다운 해변이 보이는 평화로운 리조트에서 다정한 한때를 보내던 크리스마스 다음 날, 상상도 하지 못했던 쓰나미가 그들을 덮친다. 단 10분 만에 모든 것이 거대한 물살에 휩쓸려가고, 그 속에서 행방을 모른 채 흩어지는 헨리와 마리아, 그리고 세 아들. 서로의 생사를 알 수 없는 절망적인 상황 속에서도 희망의 끈을 놓지 않는데...

불가능을 기적으로 바꾼 한 가족의 감동 스토리가 찾아온다!

엑시트 (2019년/ 103분)

　대학교 산악 동아리 에이스 출신이지만 졸업 후 몇 년째 취업 실패로 눈칫밥만 먹는 용남은 온 가족이 참석한 어머니의 칠순 잔치에서 연회장 직원으로 취업한 동아리 후배 의주를 만난다. 어색한 재회도 잠시, 칠순 잔치가 무르익던 중 의문의 연기가 빌딩에서 피어오르며 피할 새도 없이 순식간에 도심 전체는 유독가스로 뒤덮여 일대 혼란에 휩싸이게 된다. 용남과 의주는 산악 동아리 시절 쌓아 뒀던 모든 체력과 스킬을 동원해 탈출을 향한 기지를 발휘하기 시작하는데...

터널 (2016년/ 126분)

　자동차 영업대리점의 과장 정수, 큰 계약 건을 앞두고 들뜬 기분으로 집으로 가던 중 갑자기 무너져 내린 터널 안에 홀로 갇히고 만다. 눈에 보이는 것은 거대한 콘크리트 잔해뿐. 그가 가진 것은 78% 남은 배터리의 휴대폰과 생수 두 병, 그리고 딸의 생일 케이크가 전부다.

　대형 터널 붕괴 사고 소식에 대한민국이 들썩이고 정부는 긴급하게 사고 대책반을 꾸린다. 사고 대책반의 구조대장 대경은 꽉 막혀버린 터널에 진입하기 위해 여러 가지 시도를 해보지만 구조는 더디게만 진행된다. 한편, 정수의 아내 세현은 정수가 유일하게 들을 수 있는 라디오를 통해 남편에게 희망을 전하며 그의 생환에 대한 희망을 버리지 않는다. 지지부진한 구조 작업은 결국 인근 제2터널 완공에 큰 차질을 주게 되고, 정수의 생존과 구조를 두고 여론이 분열되기 시작한다.

분노의 역류 (1991년/ 132분)

　순직한 소방관의 아들로 역시 소방관의 길을 걷는 두 형제, 하지만 형인 스티븐은 사명감이 없는 동생 브라이언을 못마땅해하고 브라이언은 독불장군인 형을 싫어해서 사사건건 부딪치고 서로가 못마땅해한다. 한편 백드래프트라는 희귀한 폭발 현상으로 3명이 차례로 죽는 사건이 발생하자 화재조사관인 림게일이 수사에 착수하고, 형에 대한 열등감과 형과의 마찰을 견디지 못한 브라이언은 소방서를 뛰쳐나와 림게일의 조수로 일하게 된다. 조사 끝에, 사고가 아니라 살인을 목적으로 한 방화라는 사실을 알아내고 시의원인 스와이잭을 용의자로 지목하지만, 범인이 스와이잭마저 죽이려다 미수에 그친 사건이 발생하자 사건은 미궁에 빠진다. 감옥에 수감 중인 희대의 방화범으로부터 힌트를 얻는 브라이언은 형을 의심하지만, 그 순간 진짜 범인이 오랜 친구이자 동료인 소방관 에드콕스라는 걸 알게 되고, 그 사실을 안 스티븐은 에드콕스를 설득하려 한다. 그러나 화학공장에 대화재가 발생하는 바람에 사고 현장에 출동한 스티븐과 브라이언은 에드콕스로부터 돈을 벌기 위해 소방인력을 감축하고, 그럼으로써 결국 소방관의 생명을 위협한 스와이잭과 그 동업자들을 살려둘 수 없었다는 에드콕스의 고백을 듣고 갈등한다. 그런데 그 순간 건물이 무너지고 불 속에 떨어지는 에드콕스를 구하려다 스티븐도 같이 떨어진다. 에드콕스는 숨지고 스티븐은 중상을 입고 브라이언에게 에드콕스가 범인임을 밝히지 말라는 유언을 남긴 채 결국 세상을 떠난다. 림게일과 브라이언은 스와이잭의 비리를 공개하고, 브라이언은 다시 소방서로 복귀한다.

대한민국 소방응급구조사 헌장

우리는

명예와 자부심을 가진 대한민국의 소방응급구조사이다.

국민의 사랑과 신뢰를 바탕으로 현장 활동에 최선을 다하며

나 자신의 안전이 현장 활동의 기본임을 명심하여

감염 방지와 더불어 각종 안전사고 방지에 만전을 기한다.

우리는

소속된 조직을 사랑하고 직원상호간에 화합하여

화목한 직장 분위기를 조성하고

응급처치법 개발과 교육에 적극 앞장서며

강인한 체력과 정신력을 바탕으로 훈련하고 학습하여

전문인으로서의 응급구조사가 되기 위해 최선을 다한다.

우리는

업무상 관련된 제 법규를 준수하며

비응급환자에겐 내 가족처럼 따뜻하게 대하여

그들의 마음의 상처를 감싸주고

응급환자에겐 내가 가지고 있는 지식과 기술을

100% 발휘하여 고통을 줄여주고 후유증을 최소화하며

나아가 소중한 생명을 구한다.

우리는

구급차를 항상 청결하게 유지하여 감염을 방지하고

적재된 장비를 점검 및 정돈하여 부족한 장비는 보충하고

철저한 의약품 관리와 각종 장비의 사용법을 익혀

언제라도 즉각 사용할 수 있도록 준비한다.

우리는

최악의 상황을 예상하지만, 최선을 희망하며

우리와 관련된 기관과 종사원에게도

협조적인 자세로 각종 정보를 교환하고 협력하여

응급의료체계의 확립에 이바지한다.